加護野忠男
吉村　典久
|編著|

新しいビジネスをつくる

会社を生みだし成長させる経営学

［発行所］碩学舎　［発売元］中央経済社

はじめに

■「なぜ経営学を学ぶのか？」

「会社」というものをいかに生みだしていくのか、経営していくのか、うまく回していくのか。この本で学んでいくのは、この一点です。

この問題を取り扱っている学問分野は「経営学」と呼ばれる分野となります。「経済学」と似ていますが一応、違う学問です（ただし、境界ははっきりしません）。ただ「経営学といわれても……、何を学ぶのか……」「正直、勉強、やる気が……」

この本をパラパラとめくってみる。高校時代に商業に関する学科で学ばれた方であれば、それなりに馴染みのある言葉が目に飛び込んでくるかと思います。しかし多くの方にとれば「現代社会」または「政治・経済」の授業で、「見たなあ、勉強したかも」程度の記憶かもしれません。「何を学ぶのか」がよくわからない。学ぶことで何が見えてくるのか、あるいは、何ができるようになるのか。これがわからない限り、「正直、やる気が」となるのはしょうがないこと、当然でしょう。

そう思うとともに、「とにかく、必修だから」「とにかく、単位をそろえないと」だけでは、せっかくの学びの機会がもったいない。こうも思っています。

今、私の目の前に『経営学大図鑑』（イアン・マルコーズ他著・沢田博訳、三省堂、2015年）なる本があります。「図鑑」の名にふさわしく、全部で352頁、厚さ４センチとなかなかの大きさです。経営学分野の理論などの数多の説明があります。その最後にある「訳者あとがき」は「経営とは何か」（全て351頁から）から始まり、数多の説明をまとめ上げています。「経営とは」「一生懸命に何かをする、そして成し遂げることだと」と。「経営」の具体的な営みとして、二足歩行を選んだ人間が成し遂げてきたことを取り上げています。体力の面では、二足歩行の人間は四足歩行の獣に負けてしまう。そうならないように、さまざまに工夫をほどこし、試行錯誤のすえに生きながらえてきた。「経営」とは、こうした営みのこと、とまとめています。そもそも「経営」の「経」の文字は、織物の縦糸のことを指したそうです。それが転じて、「すじ道」や「すじ道をつける」の意味を持つようになったそうです。体力に勝る獣のえじきとならず、生きながらえる。生きながらえる、という目標に向かって「すじ道」を立て、実施する。遙か以前の世界では、この営みが「経営」だったのです。

具体的な目標、そこにいたるすじ道を立てる。そして実行する。「経営」の基本は、これなのです。そして「経営学」なる学問は、こうした「経営」の基本のあり方を考えていこうとする学問なのです。経営学が主たる研究対象とするのが、「会社」あるいは「企業」と呼ばれる存在です。それらの経営のあり方を研究します。そのため経営学の授業では、企業（会社）経営のあり方、どのように企業の経営をすればいいのか、を学ぶこととなります。

ただし繰り返しとなりますが、具体的な目標、そこにいたるすじ道を立て、そして実行する。これが経営の基本です。こうした段取りが求められるのは何も、会社だけではありません。唐突ですが、皆さんに人生の目標はありますか。夢と言い換えてもいいでしょう（大学などでの学びのなかで是非、見つけて欲しいと思います）。目標にいたるために、現在の学校、学部、学科を選ばれ、そして日々の授業での学びを深めることで目標に一歩一歩、近づいていく。どうやって大学などを選ぶか、授業を選ぶか。それを適切になしていくことで、目標や夢に近づいていく。すじ道が誤っていた、あるいは、すじ道のとおりにはいかない。こんなこともあるでしょう。では、どうするか。どのように修正をするのか。これらもふくめて、立派な経営です。「全国制覇」なる目標を掲げて、クラブ活動で汗を流している方もいらっしゃるかと。しかし、ひたすら汗を流せばいい、というものではないでしょう。ライバル・チームの戦力分析をして、それに打ち勝つためにはそもそも、どんな練習をすればいいのか、試合にはどんな作戦でのぞむべきか。野球の練習でいえば、打力を向上させるのか、守備力を向上させるのか。限られたメンバー、時間、設備などのなかでは現実的には、どちらかを選ばねばならない。では、どう選び、実行していくのか。これらはまさしく、すじ道を立て、実行する、それは目標にいたるために、という段取りをふんでいます。つまり、経営をしているのです。

このように考えていけば経営学の学びというものは、企業の経営のあり方を考えるためだけではなく、自分自身の人生の経営、あるいは、自分が参加している組織（クラブ、サークル、ゼミナールなどなど）の経営にも活かせそう、そう思えてきませんか。そう思えたなら是非、この本をどんどんと読み進めていってください。まだ「うーん」という方も一歩一歩、読み進めながら、「経営」するという考え方を一歩一歩、学んでいただきたいと思います。

■「なぜ『新しいビジネスをつくる』なのか？」：この本の特徴

この本は経営学を「はじめて」学ぶ人のための本です。大学生でも、社会人でも、どなたであってもとにかく、「はじめて」学ぼう、それゆえ「１から」あるいは「０から」から学ぼうとしている方を対象に書かれています（この本の執筆者の少なからずは『１からの経営学』なる教科書の執筆者です。この本よりも、より「１から」あるいは「０から」学びたいという方が対象です）。それゆえに抽象的な理論、概念、用語などを書き連ねることはしていません。具体的な企業事例を挟みこむなどして、抽象的な話と具体的な話の往復を心がけ、それを通して、経営学の理解を深めてもらいたいと思っています。

各章の流れとしては、まず、新しいビジネスをつくるための器として会社が誕生、そして成長して、と会社の成長段階をイメージして、それぞれの段階で会社が、経営者が直面する課題は何か、それを解決するには、との流れで経営学の理論などを説明しています。

その意味において、単に経営学の理論などを学ぶだけでなく、ビジネスをつくり育てるための会社の経営（マネジメント）をリアルに感じて欲しい、との願いをもって執筆に当たりました。その願いがそのまま、『新しいビジネスをつくる』とのタイトルに示されています。

具体的な事例については、各章に「ショートケース」の形で盛り込んでいます。各章、さまざまな会社の事例を紹介していますが、いくつかの章（第１章、第３章、第４章、第６章、第８章、第10章）については特定の会社の成長を追う形となっています。特定の会社とはakippa株式会社です。同社の創業者は金谷元気（かなやげんき）。彼は高校卒業後、サッカーの地域リーグでプロ選手を夢見ていました。しかし、それを断念して2009年２月、会社を立ち上げます。紆余曲折の後、「“なくてはならぬ”をつくる」との目標、夢（企業理念）をもつにいたり、2014年４月に駐車場の検索・予約サービス「akippa」を始めました。観光地、コンサート会場、野球場、サッカー場…。「自家用車で行けると便利、しかし、駐車場は限られてるなあ、無理だなあ」との思いのドライバー（ユーザー）がいる。逆に、観光地、コンサート会場、その近所に自宅がある、会社がある。そんな方（オーナー）もいらっしゃいます。「自宅の駐車場、しょっちゅう、空いている」「会社の駐車場、ほとんど、使ってないなあ」。「行けると便利、無理だなあ」と思っているドライバーと、「空いている」「使っていないな」と思っている方たちをインターネット上で仲介するサービスを展開しているのです。

同社のサービスは現在（2021年５月）、累計会員数が220万人、そして、駐車場拠点数は累計4.5万拠点を突破しています。

金谷と仲間たち。彼・彼女らは何に悩み、何に取り組んでいったのか。ライブ感をもったケースで是非、成長を疑似体験していただきたいと思います。

また他の経営学の入門書では触れられることが少ない「お金」の問題についても、説明をしています。ちょっと専門的な言い回しになりますが、戦略論・組織論だけでなく、ファイナンス論（第６章）や財務会計論・管理会計論（第７章）の入門となる学びにも対応しています。

■この本の使い方

この本は基本的に、半期15回の授業（２単位）で利用することが想定されています。しかし現在、オンラインでの授業、１単位の授業など、授業の方法はさまざまな形に変化をみせています。それも急激に、です。そのため最終的には、利用の仕方については先生の指示に従ってください。

いずれにせよ授業に先立っては、各章の内容を読み込むとともに「**？考えてみよう**」の【予習用】にも取り組んでいただきたいと思います。予習を通じて各回の授業内容を「ザックリ」ながらつかみ、また、「ここ、特にわからないなあ」という部分をはっきりとさせておく。そうすることで、授業の内容の理解は必ずや進みます。授業の後は復習です。【復習用】にて、授業内容がきちんと理解できているのかを確認、そして理解の定着を図ってください。

また、**次に読んで欲しい本**です。各章の学びを深めるために是非、手に取って欲しい本をあげています。なかには漫画もあります。「たかが、漫画」ではありません。漫画のなかにはたとえば、会社の経営者、部長さんや課長さんといった「中間管理職」と呼ばれる人々、さらには新入社員、それぞれが主人公となっている漫画が数多くあります。それぞれが「何に悩み、どう解決しているのか」。それを知ることは、会社経営の現場を垣間見る、経営学の学びを深めることにつながります。

前置きはこれぐらいにして、さあ、経営学の学びを始めることとしましょう。

執筆者を代表して

神戸大学社会システムイノベーションセンター特命教授

加護野 忠男

大阪市立大学大学院経営学研究科教授

吉村典久

CONTENTS

第9章 「会社」を動かし始める、続けるのに必要な「ヒト」の難しさ —— 123

第1章

「会社」と「社会」

1 はじめに

この章では、「企業」あるいは「会社」と呼ばれる存在の「社会」における役割、その大きさについて見ていく。

章末の「？考えてみよう」【予習用】にて、朝起きてから夜寝るまでの自分の1日の振り返りをお願いした。振り返ったとき、「会社」あるいは「企業」と呼ばれる存在が作り、そして売っているモノやサービスがどれほど身の周りにあったであろうか。寝ていたベッドを「お、ねだん以上。」のコマーシャルで有名なニトリで買った、との彼・彼女は少なくはなかろう。ライバルのIKEAで買った方もいるだろう。このニトリ自身は家具そのものを作ってはおらず、海外の家具製造の会社に作ることをお願いしている。

家具製造の会社自身も原材料となる例えば材木については、林業を営む会社などから買っている。林業を営む会社は、材木を伐採するための専用の機材や山から運び出すためのトラックを他の会社から買っている。目覚まし代わりに使ったスマートフォン。自分で1から手作りした方はいるだろうか。どこかの会社が設計や組み立てをし、また、どこかの会社が通信のサービスを提供してくれている。だから使えている。考え出したらキリが無い。

ニトリやIKEAで支払ったお金はそもそも、どこから手にしたのか。自分でどこかのお店、例えば「日本マクドナルドホールディングス株式会社」たる会社の傘下にあるどこかの「マクドナルド」のお店、でアルバイトをして稼いだお金かもしれない。あるいはもしかするとご両親のどちらかが「日本マクドナルド」なる会社で働かれており、そこからのお給料で買ってくれたモノかもしれない。生活していくうえでのお金を得る場としても、会社という存在は私たちの日常生活の「ど真ん中」にいる。

そんな存在である「会社」あるいは「企業」の動かし方について学んでいくのが、この本であり、この章はその入り口となる。

2 事例：akippa（1）：「社会」に「“なくてはならぬ”をつくる」「会社」

2-1 「akippa」のサービス

「akippa」というサービスをご存じであろうか。同名のakippa株式会社（アキッパ、大阪市）が手がけるサービスで、空き駐車場（個人宅、マンション、会社、さらには月極（つきぎめ）駐車場の空きスペース）や空き地を活用するサービスであり、そうした場所の所有者がakippaに駐車スペースを登録・掲載、そして駐車場を利用したい者に一時貸しするサービスである。借りる側はakippaにて駐車場を

図1-1 akippaのサービスの仕組み

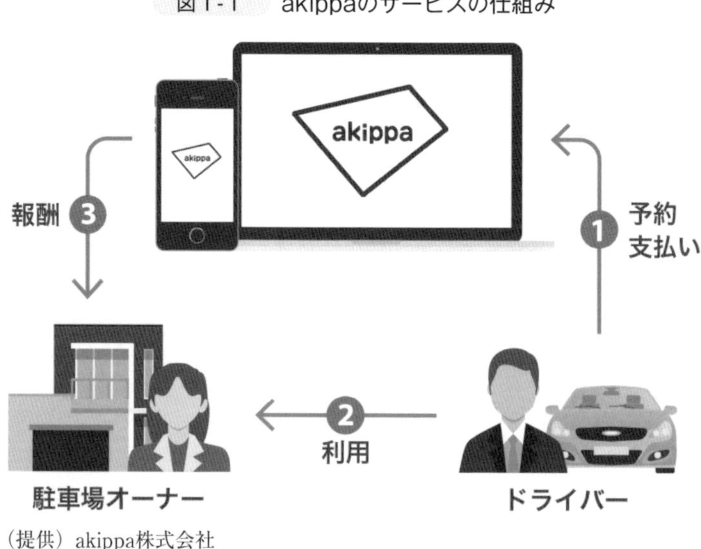

（提供）akippa株式会社

インターネット上で簡単に予約や支払いが可能で、貸す側は利用料金に応じた報酬を受け取れる。「予約できる駐車場」として非常に注目を集めている。

免許を早速に取って自動車でデートに、あるいは、友だちをつのってワイワイ、ガヤガヤと自動車で旅行に。大学生活のありふれたシーンであろう。ただし、デートで訪れたオシャレな観光地近くの駐車場が満杯、空くまで駐車場の周りをグルグル。そのうち、車内の空気は険悪なものに。残念ながら、これも珍しいシーンではなかろう。しかしakippaのサービスを利用すれば、この問題はすぐに解決する。観光地近くの駐車場をインターネットで予約さえしておけば、そこに自動車を滑り込ませるだけ。じつにスムーズである。

「そんなに都合良く、空き駐車場はあるの？」との声が聞こえてきそうである。しかし2021年５月の段階で、登録されている駐車場は4.5万拠点、そして累積会員数は220万人を突破している。2014年スタートのサービスは４年半かけて100万人の登録数であったが便利なことが知られるにつれ、2019年だけで60万人の増加を見せている。会員向けの情報サイト・「アキチャン」（https://www.akippa.com/akichan/）を眺めると、有名な観光地、デートスポット、野球やサッカーの試合会場など、人が集う場所近くで日々、空き駐車場の登録が増えていることが分かる。

2-2 「誰が始めたの？」

このサービスを手がけたのは金谷元気とその仲間たちである。金谷はサッカー選手として世界一になることを夢見た少年であり、国体の候補選手にも選出、J2チームの練習生にまでなった選手であった。しかし、プロ契約にはいたらず夢は破れる。

サッカーの世界での夢は破れたが金谷は当時、もう１つの世界にも魅了されていた。ビジネスの世界である。急な雨が降る日に100円で買った傘が、急ゆえに困っていた人に300円で売れる。この経験から金谷はモノを売ること、ビジネスの面白さに目ざめる。サッカーの練習に汗を流しつつ当時、飛ぶ鳥を落とす勢いのITベンチャーの経営者の書いたビジネス書をむさぼり読む日々。2006年には、後の起業の原点となる求人広告の個人事業に乗り出す。サッカーへの夢が破れた後、まずはビジネスの基礎を学ぶことを目的に上場するIT機器の販売会社に入社する。会社などを相手に携帯電話を販売する仕事で営業の才を発揮、入社３ヶ月後には全国トップの売上を記録する。

写真1-1　金谷元気

（提供）akippa株式会社

2009年2月、金谷1人で、当時住んでいたワンルームマンションで会社を起こす。元手は会社員時代の貯金の5万円であった。求人広告サイトの運営や携帯電話の代理店業を営むこととなる。サッカーの世界での夢は破れたが、ビジネスの世界で「世界一の経営者」「世界一の企業」の夢を追うこととなる。

2-3 「“なくてはならぬ”をつくる」にいたるまで

求人広告サイトの運営のビジネスではひたすらに人手をかけて、求人を出してくれる店舗などを増やしていく。これは契約件数の増加につながるがそれは同時に、クレーム増加にもつながる。クレーム対応に明け暮れて憔悴する、創業時からのメンバーがいた。彼からの「元気さんは、何のために仕事をしているんですか？」の問いかけに言葉を失う金谷。自分の中に明確な使命感がないことに気づく。金谷は悩む。悩んだ結果、たどり着いたのが「“なくてはならぬ”をつくる」、電気・ガス・水道といったビジネスのように社会に不可欠なサービスを手がけていこう、とのミッション（経営理念）であった。

このミッションをより具体的に定義して、社内の壁にメンバー全員で200個の困りごとを書き並べていった。まずは数多くの困りごとを集めたのである。そのなかの１つが、コインパーキングは現地に行ってみないと「満車」だと分からないので困る、との書き込みであった。

この書き込みに対して、実家の駐車場が空いている、との声が社内であがる。調べてみると、全国の月極めやマンションの駐車場の何割かは空き、その数はコインパーキングなど一時貸しよりも格段に多かった。「ビジネスになる」とひらめいた金谷は、現在のサービスにつながる原型をつくり始める。それが今や、何百万人もの登録者数を誇り、2022年には1,000万人の登録者、20万カ所の登録場所を目指すサービスにまで成長しているのである。

2-4　コロナ禍での「“なくてはならぬ”をつくる」

2020年冬からの新型コロナウイルス感染症（COVID-19）の世界的な拡大は、われわれのあらゆる営みに変革を迫るものであった。いわゆる「３密（密閉、密集、密接)」を避けて生活することを余儀なくされた。そうした中で、「“なくてはならぬ”をつくる」をミッションとするakippaが取り組んだのが、野菜直売所や農園検索サービスを手がけるYACYBER（ヤサイバー、大阪市）と提携して、空き駐車場を農産物直売所として貸し出すサービスである。直売所と変身した駐車場に置かれた商品ごとのQRコードを消費者がスマートフォンで読み取り、決済する。あるいは、ヤサイバーのサイトに登録されている農産物を予約・購入し、直売所で受け取ることも出来る。

消費者にとっては３密を避けて、さらに、道の駅など道路沿いではなく、例えば住宅地において、野菜を買うことが可能となった。また、感染症拡大による外出自粛で駐車場の稼働率は低迷していた。それに悩む所有者にとっては、収入の確保につながった。さらに農家にとっても、飲食店の休業などで低迷していた販路の拡大につながった。感染症拡大で困りごとを抱えていた消費者、駐車場の所有者、農家、いずれにとっても「なくてはならぬ」仕組みをつくりあげたのである。

3 「会社」の「社会」に対して果たすべき役割

3-1　会社の目的としての「顧客の創造」

「“なくてはならぬ”をつくる」、より具体的には「困りごとを解決するサービス」。金谷たちの仲間、会社が追い求めているのはこれである。この本は、大学の科目で「経営学系」と呼ばれる科目の１つで利用されていることが多いだろう。この「経営学」と呼ばれる分野を作り上げた１人がP．ドラッカーである。「経営学の神様」である。彼が1954年に出版した*The Practice of Management*では「会社」や「企業」と訳せる“business enterprise”の「目的として有効な定義は１つしかない。すなわち顧客の創造である」（ドラッカー、2006年、46頁）と主張している。金谷たちの手がけているのはまさしく、これである。「満車、空くまで駐車場の周りをグルグル」との困りごとをもっていた人々に「予約できる駐車場」を提供する。彼・彼女らをお客さん、専門的な言葉でいえば「顧客」、に変身させたのである。

また空き駐車場・空き地がもったいないとの困りごとをもっていた人々にたいしても、それをakippaに提供してもらい、つまりお客さん、顧客になってもらい、お金を稼いでもらう。akippaのサービスなくしては「グルグル」や「もったいない」といった困りごとは解決されず、逆にいえばサービスがあることで、お客さんが生み出されたのである。新鮮な農産物を手に入れることをあきらめていた人々に、手に入れる場を提供する。あきらめていた人々がお客さん、顧客に生まれ変わったのである。

■ コラム１-１

「会社」と「企業」の違い

この本では、「会社」や「企業」と呼ばれる存在に注目している。日常生活のなかでこれら２つの言葉が意識して使い分けられることはなく、また、その必要もない。この本でも、そうはしていない。

ただし厳密には、異なった概念である。「会社」イコール「企業」ではない。まず教科書的に「企業」を定義すると「生産活動を営む経済主体」「企業は、家計から労働力と資本（資金）を得て、各種の商品やサービスの生産・流通といったビジネスを行う」「通常、企業は、費用を上回る収益をあげ、利益を獲得することを目的（営利目的という）として活動する」（小松、2017年、53頁）となる。なお、ここでいう「家計」とは、われわれの家庭を経済的に見たとき「家族の生活を維持するために、商品やサービスの消費活動を営む主体」である。

何らかのビジネスを手がけていれば、「企業」と呼びうるのである。しかし「会社」と呼ばれるには、単にビジネスを手がけているだけでなく、手がける際に法律に即して「法人」と呼ばれる存在になることが求められる。そうなってはじめて「会社」と呼ばれる。「法人」とは法律のうえでの人格である。われわれ人間（「自然人」と呼ばれる）と同様に、法律行為を法人は行える。経済活動を行う点では共通しているが、「企業」は経済的な側面のみに注目した概念である一方、「会社」は法律的な側面がプラスされたものである。

この本でも、第２章や第３章のように法律的な側面に触れる章では使い分けに配慮している。

3-2　会社の目的としての「儲ける」

話が飛ぶようであるが、この本を手に取られている皆さんが学ばれようとしている経営学は「よいことを上手に成し遂げる方法を探求する学問である」（加護野、2014年、238頁）と定義されることがある。定義のキーワードは「よいこと」と「上手に」である。後者の「上手に」は、会社のなかでの各種の手段の選択に関わる部分である。「そもそも、どんな商品やサービスを手がけようか」「そもそも、誰にそれを考えてもらおうか」「これでいこう」「では、それを誰に実際にやってもらおうか」。何を、誰に、などなど。各種の選択をいかに「上手に」成し遂げていくのか。こうした一連の選択をキチンとしていかないと、まともな商品やサービスの提供とはならない。こうした選択の前提となる目的の選択に関わるのが「よいこと」との部分である。「『元気さんは、何のために仕事をしているんですか？』の問いかけに言葉を失う金谷」と事例のなかにあるが、創業者たる金谷が悩んだのはまさしく、何のために、つまり「よいこと」につながる部分であった。悩んだ末にた

図1-2　経済の仕組みのなかの企業

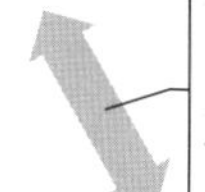

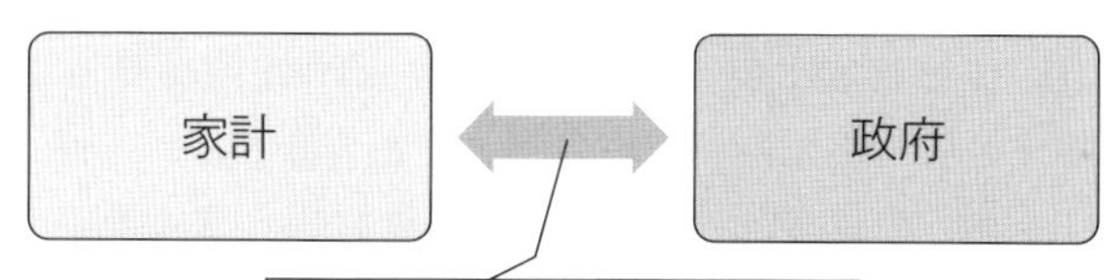

（出所）各種資料から筆者作成

どり着いたのが「“なくてはならぬ”をつくる」であり、これが具体的なサービスにつながり「顧客の創造」につながっているのである。

この「顧客の創造」に並んで重要な目的となるのはズバリ、「儲ける」ことである。ただし注意すべきは、「カネの亡者」「何よりもカネ」と突っ走るのではない。正確に書けば「顧客の創造」をつづけていくために「儲ける」ことが求められるのである。それなりにカネが残らなければ、働き手たる従業員やアルバイトの皆に給料を渡せない。部品代、電気・水道代も払えない。つぎの商品やサービスの提供がままならない。これでは「顧客の創造」などとはいっていられない。「利益とは何か。企業にとって、利益とは目的という一面もあるが、何よりも大事なのは、利益は『結果』であり、『手段』と考えるべきである。私はよく、利益をガソリンにたとえる。会社という“自動車”を運転して、何時間以内に何のためにどこへ到着したいという目的や目標があったとき、その車を動かす“ガソリン”が必要になる。それが利益というものだ。ガソリンがなくなれば、会社はエンストを起こして立ち往生してしまう。それでは困るのでガソリンという名の利益は欠かせないが、車を運転する本来の目的はガソリンを燃やすことではない。目的地に到達することである」（新・2009年、100頁）と語っているのは、いくつもの外資系企業を経営者として渡り歩いた人物である。このように儲け、利益は「目的」という一面と同時に、重要な「手段」でもあるのである。

3-3　昭和の「経営の神様」が語る「儲け」

また「儲ける」こと、それをつづけることで個々の顧客の要望を満たしつづけるだけでなく、それは「社会」全体への貢献にもつながる。これを見事に言いきったのが、現在のパナソニックの創業者である松下幸之助である。彼は20世紀の昭和を代表する企業家であり、「経営の神様」と呼ばれる人物である。

1965年に『電波新聞』に掲載された意見広告のタイトルは「儲ける」であり、日本という国の繁栄を願う彼は「みなさま、私は今こそ、よほどしっかりした考え方で、真の経済再武装を計らなければならない時機だと考えるのであります。経済再武装――それは利益を尊重するということです。……今日、企業の儲けの半分は、税金として国家の大きな収入源となり、このお金で道路が造られたり、福祉施設ができたり、また減税も可能になり、直接に間接に全国民がその恩恵を受けているのであります。……逆に、企業が赤字となれば、これは単にその商店や会社の損失にとどまらず、社会に対して一つの大きな罪を犯したのだという厳しい自覚をもってしかるべきだと思うのであります。……みなさま、適正な競争で適正に儲けましょう。そして、国を富ませ、人を富ませ、豊かな繁栄の中から、人びとの平和に対する気持ちを高めようではありませんか」と述べているのである。

「儲け」、少し丁寧な言葉でいえば「利益」は回り回って社会全体の繁栄につながる、その原資となる、それゆえに「儲ける」ことに「経営の神様」たる幸之助はこだわったのである。

3-4　平成・令和の「経営の神様」が語る「儲け」

平成元年に亡くなった幸之助は昭和を代表する経営者であるが、現在の令和、そして先の平成を代表する経営者の１人は柳井正であろう。いわずとしれた「ユニクロ（UNIQLO）」や「ジーユー（GU）」のお店を日本国中、いわんや世界中に広げているファーストリテイリングの経営者である。ユニクロ事業だけでも国内813店舗、24の国と地域にわたり海外1,439店舗（2020年８月期）を誇る。彼が父親の事業を承継する形でビジネスの世界に入り、「いつでも服を選べる巨大な倉庫」を意味する「ユニーク・クロージング・ウエアハウス」＝「ユニクロ」の１号店を広島に出店したのが昭和の終わり、昭和59年であった。平成３年には父親の代か

写真1-2　柳井正

（提供）ファーストリテイリング株式会社

らの会社名を現在のファーストリテイリングに変更した。平成10年からのフリースの大ブーム、21世紀に入った平成13年からの海外進出（同年ロンドン、翌年上海に）、令和となってからもイタリア・ミラノ、インド・ニューデリー、ベトナム・ホーチミンに出店、その結果、上のような店舗数となっているのである。この間には例えば平成18年、スーパー大手のダイエーとの提携で「ジーユー」ブランドを立ち上げ、同年、化学大手の東レとも提携して保温性を高めた下着である「ヒートテック」など機能性を重視した商品にも注力している。

「わが師ドラッカー」と題する文章で「ぼくには尊敬している人物が二人います。ひとりは松下幸之助、もうひとりはピーター・ドラッカーです」（柳井、2009年、6頁）と「経営学の神様」と昭和の「経営の神様」をともに師と仰ぐのが、この柳井である。前者が客観的な目で、後者は主観的な目で、それぞれ企業の活動を見る視点は異なるけれども「お二人の経営に対する考え方は、とても似ているように僕は感じられます」（6頁）として、両者から大きな影響を受けたとする。

まず柳井は、ドラッカーの「顧客の創造」との言葉は「企業経営の本質を突いた言葉」（12頁）と感じたと指摘している。柳井流に説明するならば「企業は自分たちが何を売りたいかよりも、お客さまは何を求めているのかを一番に優先して考え、付加価値のある商品を提供するべきである」（12頁）となる。事例のakippaのサービスも金谷らが売りたいから売ったのではなく、最初にあったのは従業員らそれぞれが一お客さんとしてもっていた「困りごと」であり、それをスタートにサービス開発が進められていったのである。「洋服屋であれば質の高い服を作り、青果店であれば安くて新鮮な野菜や果物を売る。新聞社であればいい紙面を心がける。そんなふうに事業を通じて社会や人に貢献するからこそ、企業はその存在を許されているというのが、ドラッカーの企業に関する基本的な考え方」（12頁）と柳井は議論を進める。こうした主張に対する「きれいごと」「結局、商売や会社っていうのは儲けるためにあるんだろ」（12頁）との反論に対して柳井は、ドラッカーの「儲け」に関する考え方を「もちろん利益を出すことも大切です。儲けが出なければ、どんな良い企業であっても存続不可能になってしまいますからね。ドラッカーも金儲けは否定してはいません。利益とは、社会の公器たる企業が、その役割を果たしていくために必要なコストであり条件である、というようにも彼は述べています」（12頁）と返しているのである。

■コラム1-2

「ビジネス」の種類

「コラム1-1」で企業は「各種の商品やサービスの生産・流通といったビジネスを行う」と定義したが、企業が手がけるビジネスには具体的にどんなものがあるのか。

- 生産：工業製品や農水産物などモノを生産するビジネス、あるいは、飲食、理美容、旅行、介護・福祉、人材派遣などのサービスを生産するビジネス。サービスは「提供する」と一般的には表現されるが、経済・経営に関わる世界では「生産する」とも表現される。
- 売買：生産されたモノを仕入れて販売する、つまり生産者から消費者にモノの所有権を移すビジネス。卸売業者、小売業者。
- 輸送・保管：モノを具体的に運ぶ、あるいは、保管するビジネス。運送業者、倉庫業者。

「売買」と「輸送・保管」のビジネスを合わせて「流通」のビジネスと呼ぶ。「生産」「流通」そして「消費」がスムーズに流れていくためのビジネスとしては、以下のものがある。

- 金融：例えば銀行は、お金が余っている個人や会社（「黒字主体」と呼ぶ）から不足している人や会社（「赤字主体」）にお金を流すビジネスを行っている。また会社のビジネス、個人の日常生活のなかでは予期しない事故、損害を被ることがある。あらかじめ集めた保険料で損害を埋め合わせるビジネスを手がけているのが、保険会社である。（損害の埋め合わせもふくめて）お「金」を必要な個人や会社に「融」通するのが「金融」のビジネスである。
- 情報通信：会社の活動における情報の収集・発信、それを可能とするシステム開発のビジネス、あるいは個人向けの携帯電話サービスやインターネット接続サービスなどのビジネス。

それぞれのビジネスを手がける会社や個人は、ここで分類した各ビジネスの枠内でのみ、ビジネスを手がけているわけではない。例えば、自動車の生産を手がけている会社の事例がある。自動車の購入に際してクレジット販売（代金後払い）も手がけることによって、金融のビジネスも手がけている。そのビジネス自体で売上・利益を目指すとともに、後払いで購入しやすくすることで自動車自体の売上増にもつなげている。

 「会社」と「社会」なる言葉のそもそも

4-1 「会社」と「社会」の「不都合な真実」

企業なり会社と呼ばれる存在には、商品やサービスを購入する者として顧客（お客さん、消費者）、額に汗して働く者としての従業員やアルバイト、また会社を回していくのに必要なお金、資金の出し手となる者としての株主、より広く見れば国家や地域社会・住民とも深い関係をもっている。グローバルに活動している会社であれば、国家や地域社会は当然、海外のそれも含まれる。国・地方自治体の活動には、会社からの税金が欠かせない。税金を元手に国などは、企業では担うことので

きないさまざまな公共サービスを提供する。会社の活動、それが集まっての産業活動に欠かせないインフラストラクチャー、例えば、道路・港湾・発電や通信の施設などの産業基盤の整備に税金が活用される。税金はもちろん、学校・病院・公園などの公共の福祉にかかわる施設の整備にも活用される。こうした施設の整備なくしては、真っ当な顧客や従業員などは存在できない。働いたことの見返り（労働の対価）として給料などを得て人々は生活を営み、給料などから税金も引かれる。商品やサービスを顧客が気に入って購入となってはじめて、会社には売上がもたらされる。お金の出し手の株主には見返りとして配当金が支払われる（このあたりについては次章以降で触れる）。

会社を取り巻くこうした関係者のことを「利害関係者」と呼ぶ。英語では“stakeholder”でありそのまま、「ステークホルダー」と呼ばれることもある。利害関係者の皆が「利益」を分かち合いつづけている。これが「会社」と「社会」にとっての理想的な姿である。ただし「会社」と「社会」の関係の歴史を振り返ると、理想とはかけ離れた現実があった。例えば、当然に求められるレベルでの自然環境への配慮をすることなく（配慮をしないことで少なくとも短期的にはお金、コストがかからない）、その結果、工場が立地する地域住民に多大なる健康被害を与えた事例（公害問題）については、これまでいくつもの事例を学んでこられたであろう。製品の安全性への配慮を怠り、顧客を危険にさらした会社もあった。低コストだけに目がくらみ、海外の自社工場や生産をお願いした他社の工場にて児童を不適切に労働させる事例も残念ながら、後を絶たない。「顧客の創造」をつづけるための手段としての「儲け」は大いに肯定されるべきであるが、「会社」の「儲け」が目的となり理想とはかけ離れた姿、「社会」と対立した姿が見られてきたのも「不都合な真実」なのである。

4-2 「社（やしろ）」からの「会社」と「社会」なる言葉

「会社」と「社会」の「不都合な真実」があったゆえ、「会社のため」と「社会のため」は、相当に違ったニュアンスで捉えられ、前者には何か、否定的なニュアンスがつきまとう。しかしながら、“company”と“society”の訳語とされる2つの言葉のもともとは同じで、対立など考えられない関係にあった。

「会社」も「社会」も、古代中国語の「社」に端を発する言葉とされる。この「社」とは、土地の守り神のことを意味する。日本でいえば集落、村の神様のことであり、この神様、「お社」を祀(まつ)るための村人の集まりが「会社」や「社会」などといわれた。それゆえ、この2つは対立するものではなく、本来は意味を同じくする言葉であった。幕末の開国後、西洋文明が日本に流入し、西洋の概念を日本語に翻訳する、翻訳する過程では新しい日本語である「翻訳語」も生まれてくる。「会社」も「社会」も翻訳語である。「会社」イコール「社会」で、同じ目的をもった人々の集まりを意味する言葉として使われるようになる。現在の学界を意味する「学術会社」、人間社会を意味する「人間会社」といった言葉も存在した。

「会社」は“company”の訳語として、福澤諭吉が作り出した日本語である。「天は人の上に人を造らず、人の下に人を造らずと云へり」ではじまる『学問のすゝめ』で有名な福澤であるが、それに先だって1866（慶応2）年から1870（明治3）年の間に『西洋事情』なる著書もまとめている。当時の西洋、アメリカやヨーロッパの訪問記である。このなかで福澤は「会所（人の集まる場所）」と「社中（仲間）」を組み合わせて、英語の“company”の訳語として「会社」なる言葉を作り上げている。ただし注目すべきは、福澤の訳した「会社」は必ずしも「儲け」を目的とする、専門的な用語でいえば「営利」を目的とする集まりだけを指すものではなかった。「儲け」を目的とする集まりは「商人の会社」とされ、くわえて「病院を作る会社」「新聞を作る会社」「学校を作る会社」「宗教の会社」と儲けを必ずしも目的としない集まりも「会社」としていたのである。そもそも“company”はラテン語に由来し、“com（一緒に）”、“pan（パン）”、“y（人々、仲間）”の合わさった言葉であり、「パンをみんなで分け合って食べる仲間」が語源になっているとされる。日本語でいえばさしずめ「おなじ釜の飯を食べる仲間」となろう。現在でも、英和辞典を開いてみれば「会社」のすぐあとに「仲間」との訳語が載っている。福澤の元々の訳語には「儲け」「営利」の概念は含まれてはいなかったのである。

5 おわりに

この本では一貫して、会社や企業と呼ばれる存在の経営、運営のあり方について学んでいく。この章では、「会社」や企業の「社会」における役割について学んできた。「顧客の創造」は会社の経営の根幹をなす考え方であり、それをつづけていくための手段として「儲け」、営利は大いに追求されるべきである。しかしながら「儲け」だけを追いかけてしまい、「社会」との関係が大いに問われてもきた歴史もある。会社の経営のあり方を考えていく上で、これらのことは肝に銘じておかねばならない。

最後に“company”の訳語の「会社」と“society”の「社会」なる日本語はそもそも、同じ意味をもっていたことも学んだ。「会社」と聞くと「儲け」と連想しがちであるが、そもそもは必ずしも「儲け」が目的とはなってはおらず、同じ目的をもった人々の集まりを意味していたのである。会社の経営のあり方を考えるのが、経営学である。しかし「はじめに」でも述べたように、その学びの応用先は幅広い。自分自身が所属しているクラブ、サークル、ゼミナールなどの運営にも活かしうる。それらも、同じ目的をもった人々の集まりとの性格をもっているためである。

《参考文献》

新将命『経営の教科書』ダイヤモンド社、2009年。

加護野忠男『経営はだれのものか－協働する株主による企業統治再生』日本経済新聞出版、2014年。

金谷元気『高卒IT－高卒のフリーターが会員150万人のIT企業をつくった話』幻冬舎（Kindle版）、2020年。

小松章監修『ビジネス基礎 新訂版』東京法令出版、2017年。

齋藤毅『明治のことば―文明開化と日本語』講談社学術文庫、2005年。

柳井正他『NHK知る楽 仕事学のすすめ 2009年６-７月』日本放送協会出版会、2009年。

ドラッカー、P.F.（上田惇生訳）『ドラッカー名著集２ 現代の経営（上）』ダイヤモンド社 2006年。

《次に読んで欲しい本》

伊丹敬之・加護野忠男『ゼミナール経営学入門（改訂三版）』日本経済新聞社、2003年。

加護野忠男・吉村典久編著『１からの経営学（第３版）』碩学舎、2021年。

岩崎夏海（原作）・椿あす（漫画）『もし高校野球の女子マネージャーがドラッカーの『マネジメント』を読んだら（ジャンプコミックス デラックス）』（１巻-３巻）集英社、2011年-2012年。

真山仁「ハゲタカシリーズ」講談社文庫（http://kodanshabunko.com/hagetaka-series/）。

？考えてみよう

【予習用】

1．朝起きて夜寝るまで。自分の１日を振り返り、いわゆる「会社」が生み出した商品やサービスにどれほど接したか、それらなくして１日を過ごせたか、考えてみよう。

【復習用】

1．「ユニクロ」あるいは「ジーユー」のお店まで足を運んでください。その後、ライバルと思われるお店にも。どちらのお店で服を買いたい、あるいは、どの服を買いたいと思いましたか。なぜ、買いたいと思ったのでしょうか。デザインでしょうか、価格でしょうか、それ以外の魅力でしょうか。考えてみよう。

2．「クロネコヤマトの宅急便」の宣伝でも有名なのが、ヤマト運輸の宅配便のサービスです。このサービスをはじめたのは、同社の「中興の祖」と呼ばれる小倉昌男でした。小倉も、「会社」と「社会」の関係を問いつづけた経営者でした。彼がいかなる考えをもっていたのか調べ、考えてみよう。

第2章

「会社」を立ち上げるのに必要な「志」

1 はじめに

営利事業、そして非営利事業の世界では、新たなビジネス、事業はどのように生みだされるのだろうか。これら新たな事業の創造者は企業家と呼ばれる。企業家は事業を通じて社会問題を解決することもある。そのような企業家は特に社会企業家と呼ばれる。この章では、企業家と社会企業家についてみていこう。

2 事例：Dari K（ダリケー）

2-1 事業内容と創業にいたるまで

この章の事例としてDari K株式会社の事業と創業者である企業家、吉野慶一についてみていこう。

2011年に京都で創業したDari K（ダリケー）株式会社（以下、ダリケー）は、インドネシア産カカオを原料とするチョコレートの製造から販売までを一括して行うショコラティエ（チョコレート専門店）である。ダリケーは、一般に品質が劣ると考えられてきたインドネシア産のカカオ豆を対象に、現地の農家に対して啓蒙活動や技術指導を行って生産されるようになった高品質のカカオ豆を自ら買取り、チョコレートなどに加工して販売している。

写真2-1　創業者　吉野慶一

（提供）Dari K株式会社

2019年８月期の売上高は２億7,000万円で、創業初年度より黒字が続き、売上高も年々成長している。ダリケーは企業理念として「カカオを通して社会を変える」を掲げており、単にカカオ農家の栽培を手助けするのみならず、カカオ豆ができるまでに出る廃棄物を燃料として利用する活動を行うなど、発展途上国の貧困の問題から地球規模の環境問題まで幅広い社会的な課題の解決を目指して事業に臨んでいる。

創業者の吉野慶一は学生時代、国際機関で働くキャリアを思い描き、慶応義塾大学と京都大学大学院、オックスフォード大学大学院で経済学や社会政策を専攻した。卒業後は外資系投資銀行でアナリストをしていたが、あるきっかけでインドネシア産のカカオと出会うことになる。興味を抱いた吉野はそれまで勤めていた投資銀行を退職してインドネシアのスラウェシ島を訪れ、インドネシア産カカオの高品質化に取り組むことになった。

インドネシアは世界第２位のカカオ生産国でありながら、品質が低いため日本にはほとんど輸入されていなかった。それは現地のカカオ生産農家が、カカオ豆の香りを良くし品質を上げるための発酵という工程を省略して乾燥させたカカオ豆を生産していたためである。１週間ほどかかる発酵工程を省略したカカオ豆は、チョコレート等の高付加価値品の原料にするには風味が悪く酸味も強いため、脂肪分のみが取り出されて工業用などの用途に使われていたのである。そのためインドネシア産カカオは非常に安い値段でしか売れず、多くの農家が貧困にあえいでいた。

2-2　事業の特徴

農民達の窮状を知った吉野は、現地の農家に発酵させたカカオ豆の生産を奨める。しかし、現地では発酵させたカカオ豆も未発酵のカカオ豆と同じ値段でしか売れないため、わざわざ手間のかかる発酵工程を取り入れようとする農家はいなかった。そこで、吉野は発酵させた品質の良いカカオ豆を自ら買い取ると宣言し、農家に発酵させたカカオ豆の生産を試してもらった。そして実際に600kgものカカオ豆を通常より２割高い価格で買い取り、日本に送ったのである。

当初、吉野はこのカカオ豆を製菓会社にチョコレートの原料として売り込むつもりであった。しかしどの製菓会社も商社を経由していない個人輸入のカカオ豆の購入には、応じてくれない。そこで吉野は、自らインドネシア産のカカオ豆を用いたショコラティエの開業を決心する。吉野はダリケーを設立、新たにパティシエを雇い、オリジナルのチョコレート作りに取り組んだ。

ショコラティエを始めたが、自分自身がチョコレートを作れないので、吉野はどうやって他の店と差別化していこうかと考えていた。普通の店はクーベルチュールと呼ばれる製菓用のチョコレートを購入し、それを溶かして酒やクリームをくわえてオリジナルのチョコレートとして販売している。ダリケーはカカオ豆から始めればおいしいものができるはずだと考え、クーベルチュールを使わずに１から工程を作り、実際に素晴らしい品質のチョコレートを提供できるようになった。ダリケーは単にカカオを輸入するのではなく、実際にカカオ豆を作ることから始めるために現地に子会社を設立し、現地で活動している。つまりダリケーの強みは、思い通りの製品を作るために農園から直接チョコレートの原料となるカカオ豆を仕入れ、カカオ豆からチョコレートをつくっていることである。

ダリケーは原材料調達の一貫体制を敷いて仲介業者を廃することで、コストの削減、および日本の顧客ニーズを商品に反映させやすい体制を構築している。さらに、カカオ豆の買取基準を農家へ明確に示し、かつ現地法人を構えて技術指導を行うことで、農家のモチベーションを高め、高品質なカカオ豆を安定的に調達することに成功している。

ダリケーのサプライチェーンを図式化すると、図２-１のように示すことができる。

図2-1　Dari Kのサプライチェーン

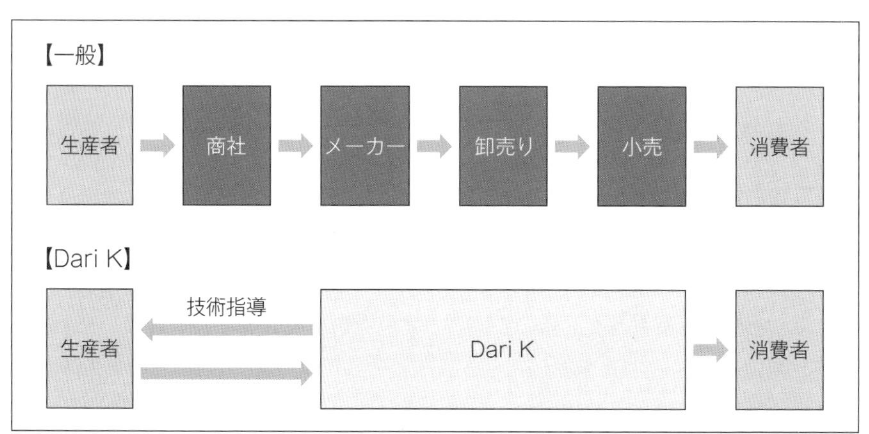

（出所）神戸學校（2016）を参照して筆者作成

生産者と消費者の間に介在するのはダリケー１社のみで、生産者と消費者がどちらもダリケーとやり取りをする形になっている。ダリケーは、生産者と直接取引できる構造を作り、コストを削減している。また、チョコレートの製造はダリケーが日本国内で行っており、販売する市場のトレンドを敏感に反映できる体制をとっている。

さらにダリケーは、独自にカカオ豆の買取基準を設け、高品質のカカオ豆のみを高価格で買い取る仕組みを構築しているが、これは一般的なフェアトレードとも異なる独自の仕組みである。

ダリケーは、エシカル（倫理的）な事業の運営を行っている。ダリケーが提示するカカオ買取スタンダード（**図2-2**）から分かるように、ダリケーはカカオ豆の品質を規定するのみならず、環境問題や人権・労働問題を是正することも基準に含めている。この基準はすべて満たす必要はなく、この中で５つ以上を満たせばダリケーと取引をすることができる。その際の取引価格は、一般的なカカオ豆市場取引価格と比較して、２～３割高い価格に設定されている。

さらに、買取スタンダードの第７項目にもあるように、ダリケーはカカオ農家に対する技術指導も行っている。その主体となっているのが、ダリケーと開発コンサルティング企業が共同でインドネシアに立ち上げた現地法人「PT Kakao Indonesia Cemerlang（以下KIC）」である。KICの主なサービスはインドネシアの生産農家に対する「発酵」と品質管理の重要性を説く啓蒙活動、および栽培・発

図2-2　DariKのカカオ豆 買取スタンダード

1．アグロフォレストリー農法（＊1）を実践する。
2．無農薬・減農薬および有機栽培（化学肥料から有機栽培への移行中を含む）を行う。
3．強制労働および児童労働をしない。
4．作業における危険な用具を使わない（＊2）。
5．KICの指導による発酵コントロールを行う。
6．トレーサビリティ（＊3）100%とする。
7．KICおよび協業グループによる持続可能な農園管理指導を行う。

＊1　森林の保護と作物栽培の両立のため、農作物の間に樹木を植栽すること。ダリケーは環境問題解決のために推進している。
＊2　労働者の安全面を考慮してナタなどの使用を禁じている。
＊3　流通経路を生産段階から最終消費段階まで追跡が可能な状態であること。

（出所）PT Kakao Indonesia Cemerlangウェブサイト より筆者作成

写真2-2　農園で現地駐在員が発酵指導などを行う様子

（提供）Dari K株式会社

酵技術指導である（KIC：Service)。インドネシアのカカオ農家はKICのサービスを受けることで、買取スタンダードを満たせる高品質なカカオ豆を栽培できるようになった。

現在ダリケーは、チョコレート事業を通じて以下のような活動を行っている。

1．インドネシア産カカオ豆の高付加価値化による農家の収入の安定

2．カカオの接ぎ木の指導などによる生産性の向上
3．農家自身によるチョコレート生産を指導し、収入を増やす
4．焼き畑からカカオ栽培への転作の奨励（熱帯生態系の保護）
5．農業廃棄物（カカオの殻）発電による農家への電力供給
6．農業の持つ気候変動への脆弱性のアグリフォレストリーによる緩和
7．元反政府ゲリラ兵士への職業教育
8．現地生産農家と日本の顧客を結びつけるカカオ農園ツアー

2-3 事業の成果

このような取り組みが奏功して、取引のある契約農家の生産性は5割、収入は8割ほど増加したという。またダリケーと取引のある契約農家は当初の数件から、2020年末時点で500件にまで拡大している。

試行錯誤から生まれたダリケーのチョコレートは、着実に顧客を増やしている。カカオ豆から仕入れられれば、すべてをゼロからオリジナルのチョコレートを調合することが可能で、たとえば「油脂を入れない」というこだわりも表現できる。ダリケーのチョコレートは、食べた後に残るチョコレート独特のべたつきがなく、食べた後もカカオの香りだけが残る――そんな特徴を持っている。またダリケーは世界最大規模のチョコレートの祭典「Salon du Chocolat（サロン・デュ・ショコラ）」へ出展し、2015年から3年連続で品評会において銅賞を受賞するなど、評価とブランドを確立しつつある。チョコレート愛好者の間で、祭典への出品は味の保証として重要な商品選択基準の1つとなっており、ダリケー商品のプロモーションに効果を持っているのである。

ダリケーは、インドネシア産あるいはフィリピン産カカオの消費拡大を目指し、事業を拡大している。2020年時点で年間10トンのカカオをトリュフや生チョコ、板チョコのような自社のチョコレート製品に使用し、50トンほどをクーベルチュールなどとして外販するまでになった。またカカオから作るリップクリームやカカオ酒など、新製品の開発にも余念がない。しかし新たな取引を希望する農家は多いため、増えるカカオの供給を捌く新たな用途の開発を進めている。

2018年には大手家電メーカーのシャープとカカオペーストの製造マシンを共同開発した。これは、従来カカオ豆からだと8時間程度かかっていたカカオペーストの製造を、エスプレッソマシンのように挽き立てのカカオ豆からその場で作ること

ができる。これをカフェやレストランで使ってもらえば、コーヒーのような感覚でできたてのホットチョコレートなどのカカオドリンクを提供できる。ダリケーは今後、この機材の普及を後押しし、カカオドリンクという新たな製品を日本、そして世界に広めようとしている。農民達のよりよい生活のために。

3 企業家と企業家の役割

3-1 企業家と革新

吉野慶一はDari K株式会社の創業者、すなわち起業家であり、そしてインドネシア産のカカオを軸にいくつもの新たな事業を創造する企業家でもある（起業家と企業家の違いについては**コラム２-１**を参照してほしい）。ここでは吉野の企業家という側面に注目しよう。企業家は、社会においてどのような役割を果たしているのだろうか。

１つの見方は、企業家の創造性や革新性に注目したものである。このように企業家を経済活動の革新者とするのは、経済学者Ｊ．シュンペーターの考え方に基づいている。革新的とは、経済発展の原動力となるような変化をもたらすことをいう。シュンペーターは、そのような革新を具体的に以下のようなものであると説明している。

- 新しい財貨（製品・サービス）を生み出すこと（プロダクト・イノベーション）
  たとえば、「すべての人のためのコンピュータ」すなわちパーソナル・コンピュータ（パソコン）を生みだしたアップルのＳ．ジョブズとＳ．ウォズニアック。
- 新しい生産方法を開発すること（プロセス・イノベーション）
  たとえば、20世紀初めに自動車のような複雑な製品の大量生産を可能とする生産方式（フォード生産システム）を生みだしたフォード社創業者、Ｈ．フォード。
- 新しい販売先を開拓すること（マーケット・イノベーション）
  たとえば物理的な店舗ではなく、インターネット上の店舗で書籍を販売することで、膨大な取扱い点数の書籍を、物理的な店舗に来店する範囲の顧客をはるかに超えた広範囲の顧客に書籍を販売することを可能にしたアマゾンの創業者、J．ベゾス。

- 新しい原料あるいは半製品の供給源を確保すること（サプライ（サプライチェーン）・イノベーション）

  たとえば、それまで部品に真空管を用いていたラジオに半導体部品のトランジスタを使うことで、従来よりも高性能で小型のラジオを開発し、自社を世界的に飛躍させたソニーの創業者、井深大と盛田昭夫。

- 新しい組織を実現すること（組織イノベーション）

  たとえば、組織メンバーによる迅速で主体的な意思決定が可能になるように、役職や肩書をなくし、上司や部下といった上下関係が存在しないフラットな組織で、全員で意思決定をしていく非階層型の組織（ホラクラシー）を提唱した米ソフトウエア開発会社ターナリー・ソフトウエアの創業者、B．ロバートソン。

企業家の活動は、事業を拡大し企業を成長させるだけでなく、社会や我々の生活を変えるような経済発展の原動力にもなっているのである。

3-2　企業家としての吉野

ダリケーの吉野のケースではどうだろうか。たとえば、それまで日本ではほとんど使用されてこなかったインドネシア産のカカオを使用して、チョコレート製品を製造していること、狙い通りの質の良いチョコレート製品を生産できる「bean to bar（カカオ豆からチョコレートまでの一貫生産）」で生産していること、農民との共存共栄を目指して安全で環境への影響が少なく農家の収入を増やす方法でカカオの生産を指導していることなどは、上記「新しい原料あるいは半製品の供給源の確保」についての革新である。また、ダリケーが現在取り組んでいるカカオペーストは、それまでは作るのに数時間を要したため簡単に提供できるものではなかったが、シャープと組んで開発したカカオペーストの製造機器によって、挽きたて・淹れたてのカカオドリンクをその場で提供できるようになった。これは、「新しい生産方法の開発」という革新である。

将来的には、ダリケーで扱うカカオ豆とこのカカオペーストの製造マシンとをカフェなどに置いてもらい、カカオドリンクをエスプレッソやカフェラテのように気軽に楽しめるようマーケティングを行っている。多くのカフェに、このカカオペーストマシンが置かれてカカオドリンクが提供されるようになれば、それはそれまで縁のなかったカフェという「新しい販売先の開拓」ということになるだろう。このようにダリケーは現在進行形のものも含め、いくつかの革新を行っているといえるだろう。

3-3 さまざまな企業家像

企業家の役割はイノベーションを起こすことだけではない。これまでに多くの経済学者や経営学者がさまざまな企業家の役割について論じている。彼らの視点から見た企業家の役割を見てみよう。

まずこれまで見てきたオーストリアの経済学者シュンペーターによって唱えられたイノベーターとしての企業家である。この見方に基づけば企業家は、生産手段の新結合を通じたイノベーションによって経済発展を促すイノベーターである。

次に企業家をX-非効率の解決者と見なしたのが、米国の経済学者H. ライベンシュタインである。X-非効率とは、市場が不可避的に生み出す生産要素のスラック（余剰）のことである。ライベンシュタインによれば、このようなスラックを効率的に活用するのが企業家の役割ということになる。

企業家を効用の創造者・交換の仲介者と見なしたのが、新古典派経済学の泰斗A. マーシャルである。彼は、組織内での生産要素の組織化を担う効用の創造者、市場においては潜在的な生産要素と潜在的な需要とを架橋する交換の仲介者としての企業家を提示している。

企業家を機会の発見と資源の柔軟な活用者と見なしたのが、企業家論の経済学者I. カーズナーである。カーズナーによれば企業家は、市場の売り手・買い手双方に利益となる取引機会を機敏に見いだし、柔軟に経営資源を動員して取引を実現させる漸進的な革新者である。

企業家を不確実性の担い手と見たのが、シカゴ学派経済学の創始者の一人F. ナイトである。予測のできない状況下でその不確実性を負担し、責任ある意思決定を行う主体としての企業家像を示している。

企業家を血気の持ち主と考えたのが、マクロ経済学の創始者J. ケインズである。合理的な計算が血気（animal spirit；不活動よりもむしろ活動を欲する自生的衝動）によって補足され支持されることによって生じた創意に基づく企業の設立者、そしてその結果としての社会における資本蓄積者としての企業家という企業家像を提示していた。

また企業家を企業家独自のサービスすなわち企業家用役（entrepreneurial

service）の提供者ととらえたのが、企業成長論の著名な研究者E．ペンローズであった。企業の生産機会（新たな企業活動の場）を捉え、製品・地理的配置・技術の顕著な変化についての新たな考え方の導入、新たな経営者の確保、組織の根本的な変革、資本の確保、拡張計画の策定といった独自の用役の提供者として、企業家を説明している。

最後に変化の活用者としての企業家観を提示したのが、第１章でも見た現代経営学の生みの親の一人P．ドラッカーである。変化を健全かつ当然のことと認め、（自らが変化を起こすのではなく、むしろ）変化を探し、変化に対応し、変化を機会として利用する者としての企業家像を示している。

彼らが描き出したように、企業家は社会の中でさまざまな役割や機能を果たしているのである。

■ コラム２-１

起業家と企業家

英語のentrepreneur（アントレプレナー）の訳語として、日本語では「起業家」と「企業家」という２つの語が使われている。日本語の起業家と企業家は、微妙にニュアンスの異なる語として使われる。まず起業家からみてみよう。起業家とは、新たに会社を興す創業者のことである。それはアップルの創業者S．ジョブズやアマゾンの創業者J．ベゾスといった著名な人物から、私たちの住む町に新たに設立されたまだ無名の会社の創業者たちが当てはまる。中小企業庁によれば、日本ではこの40年余りの間、毎年ほぼ20数万人の人々が起業しており、彼らが日本の「起業家」ということになる（2014年版中小企業白書）。

一方で日本語の「企業家」は、経営環境の変化に対して、リスクを取って能動的に行動し、創造性や革新性のある事業活動を展開する経営者を意味している（英語ではどちらもentrepreneurである）。革新的な（イノベイティブな；innovative）事業の創造者を意味している。「企業家」は、必ずしも会社の創業者である必要はない。革新的な事業を興した人物であれば、会社創業者にくわえて、経営者、マネージャー、エンジニアなども企業家に含まれる。たとえば、家業を引き継いで花札やトランプのメーカーだった任天堂を世界有数の電子ゲームメーカーに育てた山内溥や、父親から運送会社を受け継いで新たに宅配便事業を創造したヤマト運輸の小倉昌男、イトーヨーカ堂の従業員でセブン-イレブン事業で日本にコンビニエンスストア業態を生み出した鈴木敏文、エンジニアでトヨタ生産システムの生みの親といわれる大野耐一は、企業の創業者ではないが極めて企業家的な人物であるといえるだろう。ここで「企業家」であることの判断基準は、会社を創業したかどうかというよりはむしろ革新的な事業を興したかどうかで判断される。このような違いが、起業家と企業家との間には存在しているのである。

4　企業家の志：社会企業家

4-1　社会企業家とは

前節では企業家としての吉野について見てきた。一方、ケースにあるように、吉野はビジネスとしてショコラティエを経営する企業家としての側面を持つ一方、「カカオを通して世界を変える」というミッション（使命）をもつ社会企業家でもある。社会企業家とは、新たな事業の創造者としての企業家の中でも、「市場を通じ、事業組織を利用して進められる、新しい仕組みによる社会問題や課題の解決の担い手」となる人々のことである。つまり社会企業家は、社会問題の解決を目指して新たな事業を立ち上げる企業家といえる。

社会企業家は、以下のような特徴を持っている。

- 社会問題や社会的課題の解決を目指すミッションを持っている
- 問題領域や地域、対象を絞り込んで解決する
- 市場と事業組織を通じ、未解決の社会問題へ対応する
- 持続性を維持できる仕組みを内包している
- 売り手と買い手以外の人々も巻き込む形での事業展開を行う

4-2　社会企業家としての吉野

ダリケーの吉野のケースを見てみよう。吉野がインドネシア産のカカオを輸入し、ショコラティエを始めたのは、インドネシアの農民たちの窮状を目の当たりにして、

そのような現状を変えようと考えたためである。問題を認識した吉野は「カカオを通じて世界を変える」というミッションを自覚し、カカオに焦点を当て、地域と対象を絞り込んで解決を試みる。そしてダリケーという事業組織を設立し、チョコレートを初めとするカカオ製品を市場で広く販売している。その収益によって、品質の良いカカオを生産した農民から高価格で買い取るという仕組みを構築している。またこの事業は単にビジネスを行う売り手と買い手だけで成り立っているのではない。またダリケーは寄付や補助金などだけに頼らず、自立して事業を進める仕組みを構築している。そしてKICや農業の専門家、プロフェッショナルやボランティアなどがさまざまな形で参画して、農民へのさまざまな指導などを行うこの仕組みを支えているのである

投資回収分を除く利益を株主などの出資者へ分配するのではなく、社会的な価値を生み出す事業への投資に充てる営利事業はソーシャル・ビジネスと呼ばれる。ソーシャル・ビジネスは、会社だけでなくNPO法人などを用いても行われているが、社会企業家は、そのようなソーシャル・ビジネスも生みだしている。**コラム2-2**「NPOによる社会問題の解決：認定NPO法人フローレンス」を参照してほしい。

■コラム2-2

NPOによる社会問題の解決：認定NPO法人フローレンス

株式会社による社会問題の解決の例としてダリケーのケースを見てきたが、同様にあるいはそれ以上に社会問題の解決に大きな力を発揮しているのが特定非営利活動法人（NPO法人）である。その例を見てみよう。駒崎弘樹は、病児保育を専門に行う認定NPO法人フローレンスを立ち上げ成功させた社会企業家である。共働き夫婦の子供は普段は保育園に預けられているが、子供が熱を出したりすると、預かってもらえなくなる。そのような子供を預かる病児保育は、専業主婦世帯よりも共働き世帯のほうが多い時代に、ニーズは多い。しかし、それまでは誰も有効な解決法を提供できていなかった。

病児保育専門の事業をするとなると、病児を預かる施設を持ち、看護師や保育士を雇わなければならず固定費負担が大きくなってしまう。一方で利用者は、子どもが病気になったときにしか施設を利用せず、しかも利用者は冬が多く夏は少ないというように季節ごとの需要変動が大きい。そのため、とても事業化できなかったの

である。

駒崎は、全く新しい仕組み（訪問型病児保育事業）を生み出すことでこの問題を解決する。「施設を抱えない」こと、そして「月会費制にして保険的なしくみにする」ことによってである。施設の維持費は大きな負担になるので、病児保育スタッフとしての研修を受けた子育て経験者が「レスキュー隊」として、在宅で病児の世話をする。あるいは自宅外で病児が出た場合、レスキュー隊員が子どもを受け取り、そのままタクシーで移動、かかりつけの小児科の診察を受ける。そこで問題がなければ、レスキュー隊員の自宅で、保護者が帰宅するまでの間を過ごす。そして利用会員からは、利用の有無にかかわらず毎月一定額の「月会費」を集め、それを運営費に充てるという仕組みをとった。

このような仕組みを作ることで安定的な収入を得ることができ、持続的な事業経営が可能になった。東京都江東区の10世帯から始まったこの事業は、事業開始から３年目で単年度黒字を実現した。事業は急速に拡大し、わずか数年後には東京23区全域でサービスを提供するまでになる。フローレンスは病児保育という社会問題を解決し、さらに障害児保育や一人親支援、貧困家庭の支援などに新たなソリューションを提供して多くの社会的ニーズに応えている。フローレンスのように、数多くのNPOが社会問題の解決に挑戦しているのである。

5 おわりに

この章では、新たな事業の創造者としての企業家について見てきた。企業家はさまざまな役割を持つが、本章では①革新を通じて新たな事業を創造し、顧客に新たな価値を提供する、②事業の創造と拡大を通じて事業・産業の新陳代謝を促進し経済を発展させる、③また一部の企業家は社会企業家として、自らのミッション（使命）の実現を通じて社会問題や社会的課題を解決する役割を持つ、といったことについて触れた。起業にはリスクも伴うため、おいそれと勧められる訳ではないが、成功した場合には企業家本人や会社への経済的なリターンがあるばかりでなく、社会にも多くのメリットがあることが分かる。また社会企業家の役割は、社会問題を解決する上でも重要なのである。

《参考文献》

稲葉祐之・井上達彦・鈴木竜太・山下勝『キャリアで語る経営組織ー個人の論理と組織の論理』有斐閣、2010年。

清野友紀・稲葉祐之「エシカル商品のマーケティングー商品開発とエシカル商品固有のデメリット解消の戦略」『社会科学ジャーナル』第86巻、25-53頁。(http://id.nii.ac.jp/1130/00004474/)

山田幸三・江島由裕編著『1からのアントレプレナーシップ』碩学舎、2017年。

吉村典久・田中一弘・伊藤博之・稲葉祐之『企業統治』中央経済社、2017年。

神戸學校「カカオを通じて世界を変える!~志が向かう未来~」2016年(http://www.kobegakkou-blog.com/blog/2016/11/post-2882.html)

認定NPO法人フローレンス　公式ウェブサイト(https://florence.or.jp/)

Dari K(ダリケー)公式ウェブサイト(https://www.dari-k.com/)

PT Kakao Indonesia Cemerlang公式ウェブサイト(https://www.pt-kic.com/)

《次に読んで欲しい本》

駒崎弘樹『社会を変えたい人のためのソーシャルビジネス入門』PHP新書、2016年。

宮本又郎・加護野忠男・企業家研究フォーラム編『企業家学のすすめ』有斐閣、2014年。

?考えてみよう

【予習用】

1. 企業家の自伝などを読んでみて、企業家とはどのような人々なのか、その性格や考え方、行動、彼らのネットワークなどについてまとめてみよう。

【復習用】

1. 著名な企業家たちの活動とその事業についてのケースを調べ、彼らが経済と社会にどのようなインパクトをもたらしたのか、分析してみよう。
2. 社会企業家の自伝などを読んでみて、企業家の行動が社会問題や社会的課題の解決にどのようにつながっているのか、考えてみよう。

第3章　「会社」を立ち上げるのに必要な「手段」

1　はじめに

「企業」は「生産活動を営む経済主体」「企業は、家計から労働力と資本（資金）を得て、各種の商品やサービスの生産・流通といったビジネスをおこなう」「通常、企業は、費用を上回る収益をあげ、利益を獲得することを目的（営利目的という）として活動する」（小松、2017年、53頁）主体である。

この章では、活動するためのいくつかの「器」そのもの、代表的な器たる「株式会社」の特徴について取り上げていく。

2　事例：akippa（2）：合同会社ギャラクシーエージェンシーからakippa株式会社へ

2-1　個人企業へ

「サッカーで世界一の選手になる」。この夢を追いかけつつ金谷元気は、100円で買った傘が300円で転売できて以来、ビジネスの面白さにも魅了されつつあった。サッカーではご飯が食べられない。練習のかたわら、生活費も稼がないといけない。今度は傘ではなく、例えばジュースを売ったりもした。ディスカウントショップで１本39円のジュースを大量に買い込み、実家にあったクーラーボックスに氷と水を入れて、冷やす。それを花火大会など人が集まる場所で、１本150

円にて転売する。一晩で２万円ほどの儲けが出た。こんな経験から、モノを売る、営業することの面白さにハマっていく。それまで手に取ったこともないビジネス書、とくにベンチャー企業の経営者の書いたビジネス書を読みあさる日々。そんななかで金谷は起業の夢を膨らませていく。

サッカーの夢と起業の夢。サッカーをつづけながら金谷は、いつの日かの起業を実現するために、自分に必要な能力は何かを自問する。読みあさったビジネス書から得た結論は、営業の能力の重要性であった。傘、ジュースと個人相手にモノを売った経験はあっても、会社相手にモノを売った経験はない。そこで金谷は会社相手の営業の仕事を探し、電話回線のそれを見つけ出す。電話帳を片手に訪問の予約を取りつけ、営業に赴く。晴れて契約につながれば給料につながる。「フルコミッション」と呼ばれる給与体系であり、契約が取れれば取れただけ給料が増えていく。金谷は最初から、訪問の予約のみならず契約数でも群を抜くこととなる。多いときには、１カ月で100万円の給料を手にしたこともあった。この仕事をつうじて、ビジネス、営業の仕事の面白さにさらにハマっていく。営業相手に合わせて話し方や営業内容を工夫しなければならない、傘やジュースを売るよりもよほど頭を使い大変な仕事であるがその分、やりがいがある。そして、自分に向いていることを知る。自信を深めていく金谷であった。

サッカーをつづけながら営業の仕事もこなす日々。サッカーについやす時間を増やすために、もっと効率的にお金を稼ぐ方法も探す日々となる。そこで目についたのが、新聞に折り込まれている求人情報チラシであった。地元の商店主に聞くとチラシに載せたいけれども、価格が折り合わない。そんな困りごとをもっていた。人件費・家賃などの費用がかかる会社の場合には、それらが最終的には価格に含まれていたのである。一方、金谷個人だけが食べていくのであれば、それら費用を含まず低価格でチラシを作成することができる。地元のお店に営業をかけ契約を取り、金谷自身で広告を作成し印刷会社に持ちこむ。低価格が受けて大成功となる。これが金谷にとっての本格的な個人企業のスタートとなった。

2-2　合同会社へ

個人企業での仕事が順調に動き出し、ますますビジネスの面白さにとりつかれる金谷であった。しかし、サッカーの世界での夢も捨てきれない。2007年には当時J2であったザスパ草津（現・ザスパクサツ群馬）の練習生となる。しかし、プロ契約はかなわなかった。ビジネスの面白さに魅了されていた金谷は「世界一の起業

写真３-１　当時に手がけていた求人情報チラシ

街の求人情報　アグレ
柏原・藤井寺
周辺エリア
06年３月号

学生・フリーター歓迎！
時給/800円～

駅近で、雰囲気の良い和食店
調理・ホールスタッフ募集！
時給/800円～(研修中750円)

スタッフ募集！

社員募集です！
日給/8000円～

美容師募集！未経験者歓迎！
☆近鉄堅下駅前スグです☆
月給/15万円以上

パソコン検定 実施校　マンツーマンの指導で安心！
ウィル　パソコンスクール
パソコンに触ってみませんか？
無料体験受付中！
資格を取得しよう！
土・日・祝も開校！ 朝９時～夜９時

藤井寺近辺に集合の、日払いの仕事ありますよ～！
日給/7000円以上

アットホームで働きやすい職場です！
薬剤師〔時給〕1800円～〔社員〕28万円～
事務員〔時給〕800円～(研修３ヶ月 750円～)

卒塾生大歓迎です！！
中高生対象の個別指導講師　募集！
給与/1授業2500円以上

国分駅スグ！若いスタッフが中心です★
時給/８００円以上

①パート作業員
内容：カタログ・チラシなどの封入・封緘・検品
年齢：18才～50才位まで
時間：9:00～16:30(相談に応じます)
出勤：1ヵ月15日位の勤務です。
②内職さん(在宅ワーク)
内容：カタログ・チラシなどの封入・封緘

4月より新事業スタート！アルバイト募集！
時給/720円

事務員さん募集！
時給/７５０円以上
時間/１０：００～１７：００
休日/土曜、日曜、祝日
年齢/１８才～２５才位
内容/簡単なパソコン入力、電話受付
事業/求人情報チラシを発行しています！！

平野・長原駅近くのオシャレな和食屋さんが
①調理補助②アルバイト　募集！

☆人気のやきとり屋さんです☆
★大学生歓迎★
時給/７５０円以上
時間/１７：００～２４：００(1日４～５時間)
曜日/週３～４日(応相談)

4月上旬・青山通りにNEWオープンの焼鳥店です！
オープニングスタッフ大募集(＾∀＾)
時給/800円～(研修期間中750円)
曜日/週３日～４日(相談に応じます)
※未経験者大歓迎！大学生・フリーター歓迎！

（提供）akippa株式会社

家になる」とのつぎの夢を追いかけることとなる。電話回線の営業の仕事を探したときと同じく、その夢を実現するに自分に足りないものは何なのか。それを考える金谷がいた。これまで１人で事業を回してきた金谷が近い将来、起業するに際しては、「組織」というものを知っておく必要、そして、基礎的なビジネスマナーも含めて社会人としての当たり前の立ち振る舞いを知っておくことも必要との判断にいたる。そこで金谷は勉強のため2007年、研修が充実している上場企業に入社する。それまでの経験も金谷は活かし、そこでの携帯電話の販売の仕事でほどなく、全国一の成績をあげることとなる。

営業の仕事に自信を深め、社会人としての基礎を学んだ金谷は１年半で同社を退社、2009年２月、ついに会社設立にいたる。会社設立にかかわる手続きの場である役所、法務局に開業届の提出となる。名だたる有名選手が名前を連ね、金谷も好きなサッカーチームであるレアル・マドリード。このチームの愛称が「銀河系軍団」であり、そこから「ギャラクシー」を取り、代理店を意味する「エージェンシー」をつなげた「ギャラクシーエージェンシー」が会社名であった。レアルはサッカーの世界で世界一、金谷はビジネスの世界一を目指すとの願いが込められていた。これまでの経験を活かし会社の事業は、営業代理店と決まっていた。

当時「1円起業」なる触れ込みで、費用がほとんどかからず、ごく簡単に起業できるとの認識が広まっていた。金谷も最初は「株式会社」の設立を目論でいた。しかしながら法務局にて、諸経費で最低でも合計20万円ほどかかってしまうことを知る。手元にあるのはなけなしの貯金5万円ほど。すると法務局の人が「合同会社」であれば、6万円で設立できることを教えてくれた。当時、新しい会社形態であることに面白みも感じ、「合同会社ギャラクシーエージェンシー」の設立となった。

2-3　株式会社へ、そしてakippa株式会社へ

営業に絶対の自信をもつ金谷は、携帯電話（ソフトバンク）、インターネット回線、コピー機、ウォーターサーバーなど、売れるものは何でも売る。1年が過ぎた頃には中学・高校時代のサッカーチームの仲間や知人が入社し、従業員4人、アルバイト5人の規模となった。売れるものは何でも売ってきた金谷であったが、他社の商品を売っているだけでは、その会社を決して越えることはできない、金谷の場合でいえばソフトバンクを越えることができない、世界一を目指すには自社オリジナルのモノ・サービスが不可欠と考えるにいたる。そこで取り組んだのが、サッカー選手時代に個人企業の形で手がけていた求人広告であった。当時、それまで主流の紙ベースでの求人広告が徐々に、インターネットを介したオンラインの形に変わりつつあった。

有名なリクルートの「リクナビ」も、後者への切り替えが本格化していた。大学新卒者を対象とする「リクナビ」のサイトとは棲み分けを考え、金谷はアルバイトや短期の契約社員の求人を取り扱うこととした。当時、それらの求人広告はまだまだ、紙が主流であったが、それをいち早くオンラインで提供したのである。代理店ビジネスからは手を引き、このオンラインでの求人広告のビジネスにかけることとなる。

■コラム３-１

税金の種類

会社が栄え、多額の税金が国に納められ、社会が豊かになっていく。こうした姿を会社と社会の理想的な関係と説いたのが第１章でも見た、現・パナソニックの創業者の松下幸之助であった。しっかりと「儲け」を出して、しっかりと税金を納めることは会社に課せられた当然の社会的使命である。脱税など、とんでもない。

日本の税金は現在、約50種類あるとされる。**表３-１**は、国あるいは地方など「どこに納めるかによる分類」、税を納める人と負担する人が同じか否かの「納め方による分類」、「何に対して課税するかによる分類」による分類である。

会社に課される税金のうち主要なのは「法人税」である。会社などの法人の通常、１年間の活動で生み出された利益（所得）に課される税であり、国に納める。残念なことに利益がない場合には、課されない。道府県税と市町村税を合わせた「住民税」は、個人・法人ともに課される税金である。各地域にて、公共サービスを受けている対価として支払われる。法人税と同様に「事業税」は基本的に法人の利益（所得）に対して課され、道府県税である。くわえて「固定資産税」や「消費税」も会社の活動に課される主たる税金となる。

表３-１ 税金の分類

		直接税	間接税
国税		所得税、法人税、相続税、贈与税など	消費税、酒税、たばこ税、関税など
地方税	道府県税	道府県民税、事業税、自動車税など	地方消費税、道府県たばこ税、ゴルフ場利用税など
	市町村税	市町村民税、固定資産税、軽自動車税など	市町村たばこ税、入湯税など

（出所）国税庁のホームページより
（https://www.nta.go.jp/taxes/kids/hatten/page02.htm）

この求人広告のビジネスは労働集約的、つまり人手をひたすらかけて求人を取りに回る、営業をかけて広告枠を売るビジネスであった。営業の仕事をする従業員が増えれば増えるほど、売上も伸びる。起業の２年後の2011年４月には、６人の新

写真3-2 「akippa」の目印

（提供）akippa株式会社

卒学生を採用する。

「合同会社ギャラクシーエージェンシー」は同月、「株式会社ギャラクシーエージェンシー」へと組織変更される。事業を行うための元手となるお金は「資本金」と呼ばれるが合同会社時代は５万円のまま、それを株式会社に組織変更する際に500万円に増額（「増資」と呼ばれる）した。採用された６人のうち１人が「じつは親が、『合同会社って大丈夫なの？』と心配しまして……」との相談を持ちかけてきたことが、きっかけであった。世間にはあまり知られていない、新しい会社形態であった。かつ、株式会社の設立に比較すれば費用面などで簡単に設立ができる。それらゆえ、会社の信用という面で難があったのである。

起業の約２年半後の2011年９月には従業員数が20名を超える。東京オフィスも立ち上げる。会社は右肩上がりの成長を見せることとなる。しかし契約数の増加とともに、クレームも増加を見せる。クレーム対応に明け暮れる創業時からのメンバーからの「元気さんは、何のために仕事をしているんですか？」の問いかけに言葉を失う金谷。悩んだ末にたどり着いたのが「“なくてはならぬ”をつくる」とのミッション（経営理念）であった。このミッションを具体的な事業に落とし込むため、社内で困りごとを集め、そこから生み出されたのが2014年４月スタートの駐車場の検索・予約サービスの「あきっぱ！」であった。

スタートして半年後、「あきっぱ！」なるサービス名は「akippa」と英語表記となる。これはいずれ、世界的なサービスとしたいとの思いからであった。その後、2014年12月にはIT業界が最も注目するピッチイベントにて優勝を果たす。ピッチイベントとは、起業したての企業が自社の強みや将来性について投資家に売り込み、資金の獲得を目指すイベントであり、自社の商品・サービスの紹介が短時間で行われる。複数の企業が登壇して売り込みを競う形式のものは、ピッチコンテストと呼ばれる。このイベントでの優勝は、金谷らがakippaのビジネスに注力する後押しとなる。サービスと会社の一体感を高めるため、現在の「akippa株式会社」と社名変更がなされるにいたった。

3 個人企業から会社企業へ

3-1 「無限責任」と「有限責任」

企業の活動を進めていくための器は、資金の出し手である出資者が誰なのか、倒産といった「もしも」の場合の責任の範囲などで分類される。前者の誰なのか、については例えば、公たる国や地方公共団体が出資者となる器（「公企業」と呼ばれる）や公と民間が出資者となる器（「公私合同企業」）がある。しかし通常、「企業」や「会社」の言葉からイメージされるのは個人や民間の集団が出し手となる器、これは「私企業」と呼ばれる、である。以後、私企業のみを念頭に話を進めていく。

後者の「もしも」の場合の責任については、無限と有限がある。会社がもしも倒産した場合、「無限責任」の場合には、出資した資金が戻ってこないだけでなく、ビジネスとは無関係の個人の財産（例えば、自宅など）を処分してまで、責任を負わねばならない。一方、「有限責任」の場合には、出資した資金の額が限度となる。

3-2 個人企業

「ビジネスを始めるぞ」となった際に検討せねばならないのが、とりあえず個人企業として始めるのか、法人たる会社企業、いわゆる「会社」を設立するのか、である。個人企業として初めても、どのタイミングで会社にするのか、も悩みどころである。

まず個人企業とは、一個人が出資をして、出資者自身がビジネスを手がける企業である。税務署に開業届を提出する程度で始められる。「思い立ったら」始められ、その後も個人で自由に運営できる。「思い立ったら」ビジネスをゴロッと変えても、何の問題もない。会計・給与に関する経理や税金に関わる税務などの事務も、簡単で低コストですむ。本と会計ソフトとにらめっこして、何とかなる。

しかし、一個人の能力や資金力・信用力にはおのずと限界がある。ビジネスの拡大は望みにくく、立ち上げの時期を除けば、ごく小規模の小売業者で家族などごく限られた従業員で運営されている程度である。また出資者は、無限責任を負う。ビジネスがうまくいかず、銀行への借金返済、仕入れ先への未払い金、税金の滞納などが発生した場合には、個人の負債として全額、背負うことになる。ビジネスには関係ないと言い張っても例えば、自宅や自動車などを売り払ってでも、法律的には返済の義務が生ずる。

金谷らの場合も、立ち上げの時期のみ個人企業での運営であった。間もなくして、会社企業の一形態である「合同企業」に衣替えしている。

3-3　法人たる会社企業

一個人の出資の個人企業ではなく複数のそれによるのが「共同企業」であり、共同企業のなかには「会社企業」、一般には「会社」と呼ばれる器がある。会社のなかには、「合名会社」・「合資会社」・「合同会社」、そして「株式会社」の４つの器がある。このうち現在、現実的に選ばれているのは株式会社と合同会社である。

個人企業が、ビジネスの実体はほとんど変わることなく、法人格を取得して株式会社などの会社企業になることを「法人成り」と呼ぶ。

法人格とは、法律行為の主体としての人格のことである。法律の考える人格には、「自然人」と「法人」である。その言葉の通りに「自然人」とは、生物学的な「ヒト」のことである。ヒトは生まれながらに権利義務の主体となり得る。「法人」とは、法律によって権利能力が認められ、目的の範囲のなか行為能力を認められた存在である。

法人たる会社は、出資者が入れ替わっても同じ会社として存在し続ける、永続し得る存在である。一方、個人企業の場合には法律上（以下、小難しい表現となるが）、出資者は自然人として資金を出し、そして、ビジネスを手がける存在である。そのため、例えば自然人たる出資者が亡くなった場合には、個人企業もそれまで、である。「ジ・エンド（the end）」である。もちろん、ビジネスを手伝っていた子供などが個人企業の店名やビジネスなどをそのまま引き継ぎ、見た目、表側はそのまま、とすることは十分に可能である。しかしそうした場合、裏側は大変である。

引き継いだ子供が再度、開業届を新たに出す必要がある。また、許可などを受けてのビジネスの場合、許可もそのまま引き継がれず、許可を新たに申し出る必要がある。一方で法人たる会社の場合、会社として諸々の届けが出ており、会社として許可も受けているため、出資者の顔ぶれが変わっても、経営者が変わっても、粛々とビジネスを続けることができる。

3-4　法人成り

ビジネスそのものは個人、自然人のままで手がけることができる。しかし金谷らもそうであったように、法人成りする個人企業は多い。しばしば指摘される代表的な理由は例えば、**図３-１**の通りである。

個人企業で経営が立ちゆかなくなった場合には法律上、無限責任、つまり「身ぐるみ剥がされる」ことになる。一方、法人成りして株式会社や合同会社となれば、「身ぐるみ」とはならない。

また社会的な信用力が高まることは、手広くビジネスを手がけることにつながる。

図３-１　法人成りのメリット

（無限責任から）有限責任

- 個人事業では無限責任を課されるが、法人化して株式会社や合同会社にした場合には、個人保証による借入を除くと出資金の範囲内での責任、つまり有限責任になる。

社会的な信用の獲得・向上

- 会社設立には金銭的・時間的コストがかかる。それを乗り越えての設立となると、ビジネスにかける本気度合いが高いと見なされる。
- 会社は個人企業とは異なり、「誰が責任者」「どのような事業を手がけているのか」を公に登録、つまり「登記」をしなければならない。登記の内容は誰でも閲覧が可能であり、これも信用力につながる。

税金

- 会社の１年間の活動で生み出された利益に課される法人税は一定である。それに対して個人企業を営む個人事業主は、利益をあげればあげるほど、税率が上がっていく。そのため、ある程度の利益が見込める場合には、会社のほうが節税できる可能性が高くなる。
- 会社のほうが取り得る節税策が多い。

（出所）各種資料から筆者作成

例えば、大手企業との取引が可能となりやすい。大手企業の場合は特に、個人企業を信用力が低いものと見なして取引をしない場合が珍しくはない。インターネットのショッピングモールに出店しようとすると、個人企業では不可能あるいは審査が厳しくなる場合もある。一般的な消費者の場合でも、個人企業一般に対してもつ信用と「○×株式会社」に対してもつ信用には違いがある。信用力は人材の募集も左右する。

資金の工面といった点で見ても、会社のほうが各種の補助金・助成金に申請しやすい、あるいは、銀行などからの借入（借金）をする場合にも、会社のほうが審査に通りやすい。審査の際には、（第７章で学ぶことになる）貸借対照表や損益計算書といった会計に関わる詳細な資料の提出が求められる。会社であれば毎年、作成しているので困ることはない。しかし個人企業の場合には、審査となってはじめて作成することもあり、困ってしまう。一般的に審査を通りやすいのはどちらか。明々白々である。

さらには、すでに述べたように、許可などを受けているビジネスの引き継ぎがスムーズである。そもそも、法人格がないと許可などを受けられないビジネスもある。あるいは、個人企業の場合には１月から12月までがビジネスの１年間とされ、その間の業績を集計する、つまり「決算」をしなければならない。会社の場合であれば、この１年間の開始と終了を自由に設定、ビジネスの忙しさなどを考えて決算時期を自由に設定もできる。法人成りして会社となれば、このようなメリットを受けることができるのである。

一方、すでに述べたように個人企業にもメリットはある。また法人成りすることには、デメリットもある。支出が収入より多い、損が出てしまった、つまり「赤字」となってしまった場合、個人企業であれば所得税や住民税の負担はなくなる。しかし法人の場合には、負担がなくなる類いの税金もあるが、法人住民税は赤字であっても課される。社会保険の加入による人件費の負担も増す。会計や事務手続きなども増す。法人化すると、本と会計ソフトとにらめっこして、ではすまなくなる。会計の処理が複雑なものとなるため専門の担当者を置いたり、外部の専門の税理士や公認会計士にお願いしたりすることになる。当然、費用がかかる。社会保険への加入にともない、その手続きなど事務処理も発生する。専門の担当者や外部の専門家の手を煩わせることとなる。

当然、メリットとデメリットを天秤にかけて法人化に向かうか否かを検討しなければならない。しかしながら、一定規模以上でビジネスを手がける、また将来、上場を目指すのであれば法人化（株式会社化）は避けては通れない。

■ コラム3-2

会社の設立

株式会社の設立手続きには、おおまかには４つの段階がある。まず会社の基本的な規則である定款を作成する。つぎに会社に出資してくれる人（社員）を決めて、出資してもらう。そして、会社のために働く人（機関）を決める。最後に法務局で登記を行う。

定款には、社名（商号）や住所（本店所在地）とその会社が何をするのか（事業目的）を記載する。それらに加えて、設立に際して出資される財産の価額、創業メンバー（発起人）の氏名または名称および住所、発行可能株式総数なども記載する。定款を作成した後で、公証人役場で認証を受ける必要がある。法務大臣から任命された公証人に、正しい定款であると証明してもらうのだ。

また、誰（出資者）がいくらお金（資本金）を出資するのかを決めることも必要である。会社を設立したいあなた自身が唯一の出資者で、資本金を１円とすることも可能である。出資者が確定したら銀行口座に払い込みをしてもらい、その通帳のコピーをとっておくと良い。

さらに、取締役などのような機関を設置して、それを何人にするのかを決めなければならない。ただし、これも会社を設立したいあなた自身が一人で担当できる。

そして、印鑑をつくることも忘れてはならない。発起人や会社の実印が必要で、役所で印鑑登録をして、印鑑登録証明書を発行してもらう。そして、設立登記書類に押印して、法務局で登記の申請をする。定款の認証や法務局での登記申請には、約25万円必要であるとされる。そのほか、半年程度の会社の運転資金や自分自身の生活資金も含めて、計画を立てておこう。

 合同会社から株式会社へ

4-1　合同会社

法人成りを選んだ後は、会社企業のなかでも、どれを選ぶか、となる。現在、現実的なのは「合同会社」と「株式会社」の二択である。

まず、合同会社である。これは少数の出資者によって設立される。この出資者のことは法律上、「社員」と呼ばれる。出資者の全員が有限責任社員となる。無限ではなく、有限責任である点は株式会社と共通である。ビジネスの経営には出資者全員がかかわるのが原則である。経営に関わる権限や利益が出た場合の分配の割合は、出資者（社員）の話し合いで決めることができる。多額の資金を出した者が自動的に大きな権限、大きな分け前を手にする訳ではない。数人で起業した場合、出資はわずかであるがビジネスに不可欠なアイデアや技術を提供した者がいた場合、アイデアや技術の提供に報いるため、その者に多くの利益を分配することも可能である。また資金の出し手自身が経営に携わることから、経営に関わる情報の公開も限定的である。

金谷が法人成りした際、設立費用の安さもあって合同会社を選んだように、株式会社に比較すれば設立費用は安く、手続きも簡単である。これらの特徴から、一個人あるいは仲間内でビジネスを行う、まずは小規模で、という場合に適した器である。

4-2　株式会社の制度

株式会社は「株式」を発行して、広く多数の人々から資金を募る、出資をしてもらうことで設立される会社である。株式は、出資者としての地位あるいは権利を表すものである。出資者は所有する株式の種類や数に応じて、会社に関わるさまざまな権利を手中にして、また、行使する。株式会社の出資者は株式を保有することによって、「株主」と呼ばれる。会社に対する株主の責任は有限である。

出資の見返りとして株主には、株主総会に参加して議決に加わる権利である「議決権」や配当金などの利益分配を受け取る権利である「利益配当請求権」が与えられる。これら権利が上にある「さまざまな権利」の例えば、である。

上の「株主総会」とは、株主によって構成される最高意思決定機関である。株主総会で選ばれた「取締役」に会社の経営の仕事が委ねられる。取締役は必ずしも、出資者、株主でなくてもよい。株主でなくとも、専門的な知識や能力に長けた人物を取締役に迎え入れることもできる。

株式会社の基本的な制度はこのようなものであり、出資者の側にすると、比較的少額で出資が可能で、それの売却で現金化することもできる、また、有限責任であるため、倒産となっても「身ぐるみ剥がれる」こともなく、その意味で出資にためらいがなくなる、といったメリットがある。会社側にすると、より多くの出資者を集めることができ、多額の資金を集めることができるメリットがある。

ただし株式会社の設立には合同会社に比較すれば、多くの金銭的な費用や日数がかかる。また例えば、株主総会や取締役の会議の運営のあり方などについて、法律上の定めが多い。残った利益は「１株あたり○円」と持株数に応じて機械的に配られる。合同会社は出資者間の話し合いで決められる。こうしたデメリットもある。

これらのデメリットはただし、（個人企業の法人成りの部分でも同様の話があったように）それほどのコストをかけて、また、定めに従って運営をされていることは、株式会社一般に対する信用力の向上につながっている。事例にあったように、当時の「合同会社ギャラクシーエージェンシー」から「株式会社ギャラクシーエージェンシー」へと変更されたのは、採用者の親の「合同会社って大丈夫なの？」との心配であった。（後に学ぶことになるが）株式を発行するわけではない合同会社の場合、「上場」という選択肢はない。器の選択においては、これらメリットとデメリットを天秤にかける必要がある。

4-3 株式会社の実態

これまで制度としての株式会社を見てきたが、制度と実態には大きなギャップがある。制度の趣旨、ねらいは「広く多数の人々から」資金を集めることにあるが、ビジネスを手がける本人のみ、あるいは家族や親戚、友人知人といった狭い範囲からのみ資金を集めて、つまり株主になってもらって会社を始めているのが実態である。制度上は株主以外も取締役になれる。

しかし本人のみが取締役、あるいは株主になってもらった誰かがそこに加わっている、という姿が実態である。それゆえ株主総会や取締役会も、制度の考える厳密さでは運営はされていない。また有限責任といっても、銀行からの借金については経営者が個人保証をする、つまり返済すべき借金を会社が返済できなかった場合

（会社の建物・土地など、カネになるものを売り払っても）、返済を経営者が肩代わりすることが一般的である。出資分が「パーになる」だけではすまないのが実態である。

制度の土台となっている「広く多数の人々から」資金を集めるためには、上場企業となることが求められる。上場企業となれば、「証券市場」にて広く多数の誰もが株式を自由に売買できる。安心して自由に売買してもらえるよう、会社が大規模化、そして上場企業ともなれば、課される法律上の定めもより多く、厳密なものとなっていく（こうした点については、第７章にて学ぶこととなる）。

5 おわりに

この章では、ビジネスを実際に手がけていく際の器について見てきた。さまざまな器があり、それぞれにメリット・デメリットがある。現在の規模、将来、目指している規模など、成長の過程などに応じて、器を選ぶ必要性がある。現代において最もポピュラーな器は、株式会社である。この器の良さが発揮されると考えられるのは、上場企業となった場合である。これについては第７章で学んでいこう。

《参考文献》

宍戸善一『ベーシック会社法入門（第８版）』日経文庫、2020年。
松崎和久『会社学の基礎知識』税務経理協会、2019年。

《次に読んで欲しい本》

神田秀樹『会社法入門（新版）』岩波新書、2015年。
小松章監修『ビジネス基礎（新訂版）』東京法令出版、2017年。
吉村典久・田中一弘・伊藤博之・稲葉祐之『企業統治』中央経済社、2017年。

？考えてみよう

【予習用】

1．政府（国税庁）の統計資料を活用して現在、日本にはどんな種類の会社が、どれほど存在しているのか、調べてみよう。

【復習用】

1．株式会社と比較する形で、合名会社と合資会社の特徴を整理してください。くわえて、それらに比較して株式会社が最もポピュラーになった理由を考えてみよう。

2．会社設立に際しては会社の名称を決める必要があります。法律的には「商号」と呼ばれます。この名称は後に変更可能です。変更された名称を探し出し、変更された理由を考えてみよう。

第4章

「会社」を動かし始めるのに必要な「表側」の事業戦略

1 はじめに

前章で見てきたように、ビジネスを実際に手がけていくためには、器としての会社が必要となる。しかし、器を用意すれば万事がうまくいくというものではない。重要なのは、その会社を存続、成長させていくために何をなすべきかを考えることである。いわゆる「経営戦略」の問題である。ここではそれを「企業や事業の将来のあるべき姿とそこに至るまでの変革のシナリオ」と定義することにしよう。簡単に言えば、「自分たちの会社やその手がける事業が将来どうなりたいのか」、そして「そうなるために何をしていけばよいのか」を示す行動指針のことである。

この定義に従えば、経営戦略には２つのタイプがあることが分かる。１つは、「企業戦略」（または全社戦略）といわれるものであり、企業全体の方向付けに関わる戦略である。そしてもう１つが、「事業戦略」（または競争戦略）といわれるものであり、ある特定の事業を成功に導いていくための戦略である。企業戦略については、第10章で取り上げることにして、本章では、事業戦略について学習していくことにしよう。

2 事例：akippa（3）：「“なくてはならぬ”をつくる」をビジネスに

2-1 「ビジネスの匂い」と「お金の匂い」：外部環境の分析

「“なくてはならぬ” をつくる」。2013年に定めたこのミッションを具体的なビジネスに落とし込むため、従業員やアルバイトで200個もの困りごとを壁に書いていく。200個の中に「コインパーキングは現地に行ってから「満車」だと知るために困る」、との困りごとがあった。これに対して、実家の駐車スペースは空いている、との声があがる。当時、コインパーキングはカーナビなどで表示はされた。しかし到着した段階で空いているのかどうか、これは到着してみなければわからなかった。事前に予約することもできない。確かに、困りごとであった。「だったら……、空いている民家などの駐車場や、月極駐車場を貸してもらい、スマホで予約できるようにすればいいんじゃないか」と、金谷は「ビジネスの匂い」を感じ取る。

ひらめいたビジネスを取り巻く外部環境の分析に取りかかる。そこで驚くべき状況を知ることとなる。「ビジネスの匂い」を確信するとともに、同時に「お金の匂

写真4-1　壁に書かれた困りごと

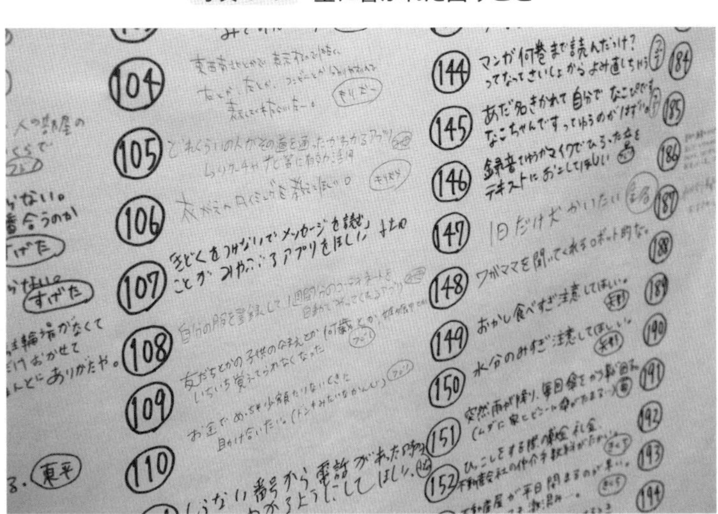

（提供）akippa株式会社

い」も感じ取る。まず当時、日本全国を走っている自動車は7,600万台あるのに対して、コインパーキングは総計470万台分しかなかった。結果、東京都は６万3,000台、大阪府で３万1,000台、それぞれ毎秒、違法に路上駐車されていたのである。これだけの違法な路上駐車がある一方、月極や個人・マンションの駐車場は１億台分以上もあり、そのうち3,000万台分以上が実際には使われてはいないことがわかった。コインパーキングの数よりも、空き駐車場の数のほうが圧倒的に多いことが判明したのである。さらに調べていくと、コインパーキングをビジネスとして手がける会社は（親会社も含めて）６社が上場しており、成長を続けていた。駐車場ビジネスの市場規模は３兆円に達することもわかった。「お金の匂い」が漂っていたのである。

2-2 ビジネスをつくる

2014年４月25日、駐車場のシェアリングサービス「akippa」はスタートする。「コインパーキングは現地に行ってから「満車」だと知るために困る」との困りごとを持つ人々と、空き駐車場がもったいない、との困りごとを持つ人々を結びつける。このサービスを具体的なものとするために金谷がまず立てた仮説、成功へのストーリーは「『akippa』のビジネスは、契約する駐車場が増えれば増えるほど売り上げも伸びていく。市場シェアがある時点を超えれば『一人勝ち』となり、駐車場を貸したいと考える人、駐車場を探す人の多くが『akippa』を選んでくれるようになるはずだ」であった。

それゆえビジネスをつくる第一歩は「その段階まで持っていくのに必要なのは、何よりも契約駐車場の数を増やすこと」と定め、それに邁進する。ただし、闇雲に邁進したのではなかった。「ヒト」「カネ」そして「時間」に限りがある。それゆえ、契約に向けての営業地域をまずは限定した。地元の大阪、そして東京に狙いを定める。大阪のみのスタートでは「大阪のサービス」とのイメージを持たれる恐れがあった。後のひろがりも考えて、流行の発信源である東京でも同時にスタートすることにしたのである。ただし、大阪、東京といっても広い。スポーツ好きの読者はピンとくるであろう。大阪では、長居公園内のヤンマースタジアム長居周辺と甲子園球場周辺の駐車場にまずは狙いを定めた。前者はＪリーグのチーム・セレッソ大阪、後者は言わずと知れた阪神タイガース、それぞれのホームである。そもそも駐車場が少なく、試合となればまったく空きがない。また東京でも、町田に狙いを定める。理由は同様で、Ｊリーグのチーム・FC町田ゼルビアがホームを置く競技場があるためであった。人気チームとの対戦時には、駐車場は満車となっていた。空き駐車場が確実に求められる場所をまず、押さえにかかったのである。

同時に、空き駐車場を利用したい人と駐車場のオーナーを結びつける予約・決済のサイト作成も進められた。しかし当時、社内には作成ができるエンジニアはいなかった。エンジニアを見つけ出したのは、「オオサカンスペース」なるコワーキングスペースであった。「共に＝Co」「働く＝Working」場所であり、独立して働く個人（「フリーランス」と呼ばれる）が、机・椅子・Wi-Fi設備などの環境を共有しながら仕事を進める場所である。単に仕事、作業をするだけでなく、利用者同士の交流や協働の場所としての性格も持つ。そうした場で出会ったエンジニア、外部の人材に開発を委ねたのである。

2-3　ビジネスを広げる

2014年４月25日のサービスのスタート時点、700カ所の駐車場が登録されていた。「『akippa』のビジネスでは、契約する駐車場が増えれば増えるほど」との成功へのストーリーに沿って駐車場の開拓が当然に続けられた。全国のスタジアム周辺、また、大阪でいえば環状線の内側だけ、と注力するエリアを絞り成果を実らせ、これを勝ちパターンとして、ほかの都市にも展開を進めていった。

写真４-２　「akippa」サービス開始の瞬間

（提供）akippa株式会社

また、このakippaのサービスがそもそも、世に知られる必要もあった。世に知られることは、優秀な人材の確保にもつながる。しかし、大々的にテレビCMや新聞広告を打つ「カネ」はない。そこで考えたのが、積極的な広報戦略であった。新聞や雑誌にネタとしてakippaの取り組みを送り続ける。それが掲載され、ネタ探しに苦労しているテレビ局のディレクターの目にとまる。こうした流れを作り出すことに成功し、多くのテレビ番組にてユニークな新サービスとして報道してもらったのである。この結果、2014年２月20日に「あきっぱ！β版」として事前登録を開始、２カ月後の本格始動の際には3,000人の事前登録につながった。

3　事業（ビジネス）コンセプトを考える

3-1　市場機会

ビジネス活動を始めるにあたって、最初に考えなければならないことは、「自分たちはどのようなビジネス、事業を手がけるべきなのか」という問題である。もちろん、自分の好きなことをビジネスにするのも、もっともなビジネス開始の動機であり、これを理由に会社を立ち上げる経営者も少なくない。しかしながら、ビジネス活動を軌道に乗せていくためには、「顧客の創造」が可能な市場分野、すなわち「市場機会」を見つけ出していくことが重要である。市場機会とは、ビジネス活動の対象となる市場分野のことであり、①何らかの満たされていないニーズを持つ顧客が一定数存在する、②そのニーズを充足することで利益を獲得することができる、といった要件を持つものである。そして市場機会を見つけ出すためには、自社を取り巻く環境の分析が何よりも必要となる。

akippaも、世の中にある「困りごと」をリストアップすることで、顧客の満たされていないニーズをあぶり出そうとした。そして、駐車場を借りたい人と駐車場を貸したい人のニーズが十分には満たされていないことに気づいた。さらに、その潜在的な市場規模を推定したところ、これらのニーズを満たすことができれば、大きな利益が期待できるとの予想を得た。外部の環境を分析することで、魅力的な市場機会を発見したのである。

3-2 外部環境の分析（１）：PEST分析

外部環境を分析するための手法はさまざまに存在する。たとえば、市場機会を見つけるための分析手法としてPEST分析が有名である。PESTとは、“Political”（政治）、“Economic”（経済）、“Social”（社会）、“Technological”（技術）の頭文字からとった造語であり、PEST分析とは政治、経済、社会、技術といったマクロ環境の現在あるいは未来の変化に注意を向けながら市場機会を見つけだすための分析枠組みである（**図 4-1**）。近年では、この４つに、“Legal”（法律）、“Environmental”（環境）を加えてPESTLE分析という場合もある。

マクロ環境の変化は新たな市場機会を生み出しやすい。たとえば、新型コロナウイルス感染症（COVID-19）の世界的な拡大は、教育や労働の遠隔化を促し、我々の経済活動や社会活動に大きな変化を強いるものであった。しかし、一方で、オンライン・ミーティング・サービスといった新たな市場機会をも生みだした。

図4-1　PEST分析

Political（政治要因） 政治・法律・規制など	Economic（経済要因） 国内経済、海外経済など
Social（社会要因） 人口動態、流行など	Technological（技術要因） 技術動向など

（出所）コトラー（2000）などを参考に著者作成

3-3 外部環境の分析（２）：3C分析

市場分野あるいは事業内容がある程度絞られた段階では、3C分析が役に立つ（**図 4-2**）。3Cとは、“Customer”（顧客）、“Competitor”（競争相手）、“Corporation”（自社）の三者を指したものである。上のPEST分析がマクロ環境を分析するための分析枠組みであると考えるならば、こちらは企業活動に直接的な影響をおよぼすミクロ環境の分析枠組みであるといってよい。3C分析は、この後に説明する、事業コンセプトや事業戦略を作成するうえで特に有用である。

図４-２　３C分析

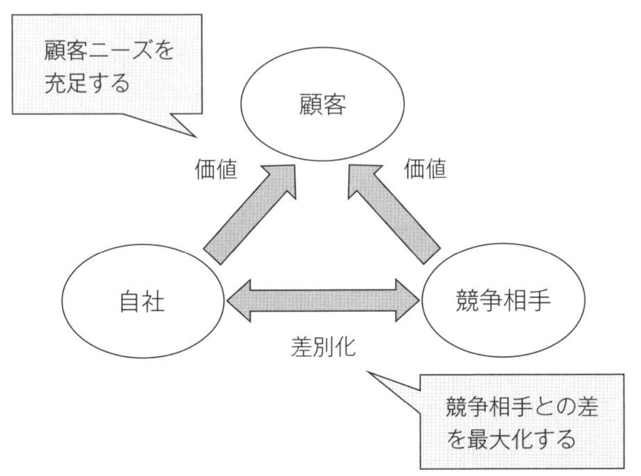

（出所）大前（1984）を参考に著者作成

３C分析の目的は、顧客、競争相手、自社を十分に理解したうえで、自社が競争相手以上に顧客のニーズを満足させるような三者間の関係を作り出すことである。この関係が期待できるのであれば、その分野は魅力ある市場機会として認めることができる。したがって３C分析では、顧客、競争相手、自社の分析が中心となる。

まず、顧客であるが、一口に顧客と言っても、市場にはさまざまなタイプの顧客が存在する。たとえばスマートフォン１つをとっても、小学生、中高生、大学生、サラリーマン、OL、主婦、高齢者…など、さまざまなタイプの顧客が存在し、それぞれが異なるニーズを持っている。ここで必要になってくるのが、市場を同じタイプの顧客からなるグループに分けること、すなわち、「市場細分化（マーケット・セグメンテーション）」である（**コラム４-１**）。分けられた顧客グループは「セグメント」と呼ばれ、それぞれのセグメントにおける顧客ニーズや市場規模などが検討される。

■ コラム4-1

市場細分化の方法

市場細分化を行うにあたっては、顧客をグループ化するための何らかの基準（切り口）が必要となる。その基準には以下のようなものが含まれる。

【地理的要因】地域、都市規模、人口密度、気候など

【人口統計的要因】年齢、性別、家族数、所得、職業、学歴など

【心理的要因】ライフスタイル、性格など

【行動的要因】使用頻度、ロイヤルティなど

市場細分化を簡易的に行うのであれば、たとえば「性別×年齢」といったように２つの基準を用いて、複数のセグメントを描き出すことも可能である（10代女性、30代男性など）。ただし、分けられれば何でもいいというわけではない。細分化を行うにあたっては、以下の点に注意しなければならない。

① セグメント内が同質である（セグメントが同じタイプの顧客から構成されている）

② セグメント間が異質である（それぞれのセグメントは、相互に異なった顧客グループを形成している）

③ セグメントの基準が明確であり実施に耐えうる

④ セグメントの規模が十分である

もっとも市場細分化を簡易的に行う場合、これらの条件をすべて満たすことは難しい。しかし、簡易的に行うことにも大きなメリットがある。それは思考実験ができるということである。たとえば、上記の基準のうち、適当に２つの基準を組み合わせて細分化を行ってみよう。多くは意味のない細分化になっているかもしれない。しかし、もしかしたらその中には誰もが考え付いたことのない極めてユニークなセグメントも含まれているかもしれない。そしてそれが新たな市場機会の発見につながることもあるのである。常識的な切り口では常識的なセグメントしか出てこない。多様な切り口を試してみることによって、新たな市場機会の可能性を考えることも重要なのである。

競争相手にかんする分析では、どのような競争相手が存在し、どのような強みや弱みを持っているのかを明らかにしなければならない。たとえ、有望な顧客ニーズ

を見つけ出したとしても、そのニーズを満たそうとしている企業がほかにも存在していれば、せっかくの機会を奪われることにもなりかねないからである。分析にあたって特に気を付けなければならないのは、隠れた競争相手の存在である。たとえば、デジタルカメラメーカーにとってのスマートフォンメーカーのように、本来は異なる製品であるにもかかわらず、同じような機能を兼ね備えた製品を提供している企業は、隠れた競争相手となる。「あれ？　デジカメを買わなくても、スマホで十分キレイな写真がとれるようになったよね」と顧客が考えるようになった時、それは隠れた競争相手がその姿を現した時である。そのため、企業は目に見える同業他社のみならず、こうした隠れた競争相手に対しても注意を払わねばならない。

さらに、自社に関する分析も欠かしてはならない。顧客や競争相手の分析が外部環境の分析であるとするならば、こちらは自社企業を対象にした内部環境の分析である。自社はどのような経営資源や能力を持ち、何を強みにしているのか、あるいは何を弱みにしているのかを確認する。この確認作業があってはじめて、自社はどのような顧客ニーズに対応できるのか、競争相手に対してどのように戦っていけばよいのかを考えることができる。

外部環境の分析の重要性を説いているマーケティング論の大家P．コトラーは次のように言っている。「調査をせずに市場参入を試みるのは、目が見えないのに市場参入をしようとするようなものだ」（コトラー、2000年）と。まずは分析ありきなのである。

3-4　事業（ビジネス）コンセプト

市場機会を見出したとしても、それを具体的なビジネスの活動に落とし込んでいくためには、その後の活動を導くための行動指針が必要となる。それが「事業コンセプト」である。事業（ビジネス）コンセプトとは、「どのような顧客に」「どのような価値を」「どのように提供するのか」の問いに対する答えである。もう少し簡単にいうならば、「誰に」「何を」「どのように」提供するのかという基本構想である。

事業コンセプトを構成する１つ目の要素は、「誰に」である。上述したように、市場にはさまざまなタイプの顧客が存在する。その中から自社がターゲットとすべき顧客を定めていく。初学者の方なら、ターゲットなどは定めずに、できるだけ多くの顧客を取り込みたいと考えるかもしれない。そのためには、万人受けするような製品やサービスを用意しなければならないが、すべての顧客の要望を取り入れようとすると、かえって個性がなくなり、誰からも注目されない製品やサービスが出来上がってしまうおそれがある。むしろ、特定の顧客に向けて開発したほうが、特徴の際立ったものができあがり、結果としてターゲット以外の顧客からも支持が得られたりする。また企業の持つ経営資源が限られている場合も、ターゲットを絞り込んだほうが、効率よくビジネスを展開することができる。akippaも、基本的には「外出先で駐車場を借りたい人」と「空き駐車場を有効活用したい人」をターゲットにしているが、サービス開始当初は、闇雲に営業エリアを拡大しようとはせずに、確実に需要が期待でき、なおかつその後の波及効果も期待できる、東京、大阪の野球場、サッカー場の周辺にターゲットを絞り込んでいた。

事業コンセプトを構成する2つ目の要素は「何を」である。すなわち企業が提供する、顧客にとっての価値である。ここで価値とは何かと思ったかもしれない。企業が実際に提供しているものは製品やサービスであり、顧客はそれを欲しているのではないかと。それでは、akippaは一体何を提供しているのであろうか。「駐車場」と思った人も少なくはないだろう。確かに、利用者はakippaを利用することで駐車場を借りることができる。しかし、借りるだけならコインパーキングでも借りることはできる。利用者がコインパーキングではなくakippaを利用したいと思うのは、それが単なる駐車場サービスではなく、「事前に予約を入れることで確実に車を停めることのできる」サービスだからである。また駐車場のオーナーも、月極駐車場やコインパーキングのような形で駐車場を貸し出すのではなく、akippaを利用するのは、「すでにある駐車場を空いている時間だけ貸すことができる」という部分に価値を感じているからである。このように、自社は「何を」提供すべきなのか、について考える場合は、目に見える製品やサービスによって安直に定義するのではなく、顧客にとっての価値によって定義すべきなのである。

事業コンセプトを構成する3つ目の要素は、「どのように」である。ターゲット顧客へ価値を提供するための基本的なアイデアや工夫のことである。akippaは、借りたい人にとっての「事前に予約を入れることで確実に車を停めることができる」という価値と、貸したい人にとっての「すでにある駐車場を空いている時間だけ貸すことができる」という価値を同時に実現するために、インターネット上で両者をマッチングさせる仕組みを考え付いたのだ。両者の取引を仲介する専用のサイトを構築し、そこに予約と決済の機能を持たせれば、スマホ1つで、いつでもどこでもサービスを利用することができる。akippaの提供する価値はこの仕組みによって支えられているのである。

事業コンセプトは事業化を進めていくための出発点となるものである。したがって、事業コンセプトを構成する「誰に」「何を」「どのように」の問いに対する答え方ひとつで、その後のビジネスの展開も変わってくるのである。

4 競争に勝つための戦略

4-1 違いを作る

事業化を進めていくためには、事業コンセプトに加えて、もう１つ考えなければならないことがある。それは「競争に勝つ」ことである。たいていの場合、企業は顧客を巡って他の企業と競争関係にある。優れた事業コンセプトを思いついたとしても、同じようなコンセプトを持つ別の企業が存在していれば、顧客はそちらになびいてしまうかもしれない。したがって競争を優位に展開していくための工夫やシナリオを考えなければならない。

競争を優位に進めていくためには、「違い」を作ることが有効である。そもそも、企業が顧客を巡って他の企業と競争関係にある状況とは、顧客が複数の企業の製品を前にどれを選択しようか迷っている状況である。そしてその状況は、製品が似ているほど、すなわち「違い」がなければないほど発生しやすい。逆に、「違い」ができていれば、顧客は迷う必要がなく、企業間の競争も発生しない。つまり、競争を優位に展開していくためには、他社との間に「違い」を作り、競争のない状況を作り出すことが効果的なのである。

4-2 ３つの基本戦略

競争戦略論のグルとも言われるM. ポーターは、違いを生み出すための戦略を、「３つの基本戦略」として示している（図４-３）。

１つ目のコスト・リーダーシップ戦略とは、コストの低さで違いを作りだそうとする戦略である。競争相手よりも安く作ることができれば、競争相手よりも安い価格で販売し、より多くの売上を期待することができる。また同じ価格で販売したとしても、コストが低いのであれば、競争相手よりも多くの利益を得ることができる。

２つ目の差別化戦略とは、製品やサービス面で違いを作る戦略である。ただし、「違いなら何でもいい」というわけではない。そもそも、製品やサービス面での違

図4-3　3つの基本戦略

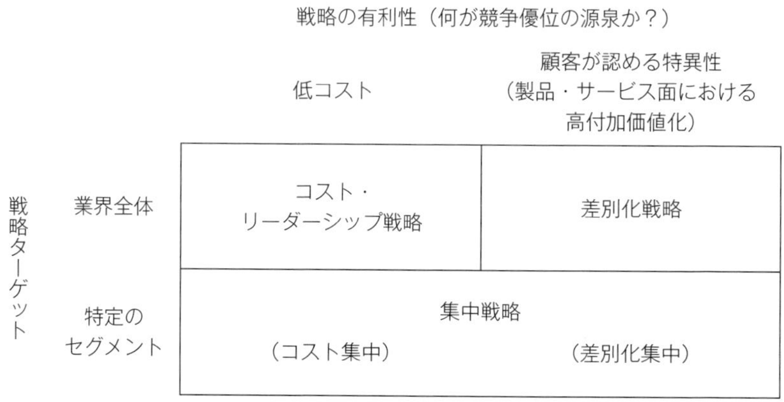

		戦略の有利性（何が競争優位の源泉か？）	
		低コスト	顧客が認める特異性（製品・サービス面における高付加価値化）
戦略ターゲット	業界全体	コスト・リーダーシップ戦略	差別化戦略
	特定のセグメント	集中戦略（コスト集中）	集中戦略（差別化集中）

（出所）ポーター（1995）を参考に筆者作成

いなら、どの企業も、自分たちは作っている、と考えているはずである。しかし、本当に重要なのは、その違いが価値あるものとして顧客に認識されていることである。自社だけが主張する違いなら、それは本当の違いではないのである。

３つ目の集中戦略とは、他の企業が参入できないような特定の市場セグメントを狙っていく戦略である。ターゲットとする顧客で違いを作る戦略といってもよい。特定の顧客層や特定の地域など、限定した領域に経営資源を集中することで、コスト面、あるいは製品・サービス面で優位性を築いていく。

akippaのとった戦略は差別化戦略である。akippaにとっての競争相手は、コインパーキングなどの時間貸しの駐車場である。車を駐車できるという基本的なサービス部分では違いを作ることはできない。しかし、すでに見てきたように多くの顧客は「到着してみないと空いているかどうかわからない」という悩みを抱えている。そこで、予約機能という新たな価値を付加することで、競争相手との違いを作り上げたのである。

akippaのケースからもわかるように基本戦略が競争優位を実現するためには、競争相手は誰なのか、そしてどのような強みや弱みを持っているのかを理解することが必要である。そのうえで、どこで違いを作るかを考えるべきなのである。

■ コラム4-2

コスト・リーダーシップと差別化の両立は可能か

３つの基本戦略をよく見てみると（図4-3）、集中戦略は、「コスト集中」と「差別化集中」の２つに分かれている。これは、「低コストの実現」と「特定の顧客に集中すること」、ならびに「製品やサービスの価値向上」と「特定の顧客に集中すること」は、それぞれ両立可能であることを意味している。それでは、「低コストの実現」と「製品やサービスの価値向上」の両立は可能なのであろうか。つまり、コスト・リーダーシップ戦略と差別化戦略のハイブリッドである。「あの会社の製品は品質もよく、しかも安い」というような評判を聞いたことがあれば、両立は可能であると思うかもしれない。しかし、一般に、「低コストの実現」と「製品やサービスの価値向上」はトレード・オフにあるといわれている。トレード・オフとは、一方を追求しようとすれば、もう一方が犠牲になる関係のことである。すなわち、品質や機能を追求しようとすれば、それだけコストがかかり、逆にコストを下げようとすれば、品質を落としたり、機能を減らしたりしなければならないということである。

それでは「あの会社の製品は品質も良く、しかも安い」という評判は何を意味しているのだろうか。一見すると、コスト面でも品質面でも優れた製品を提供しているように見えるが、コスト削減を徹底している企業や、品質にとことんこだわった企業と比べれば、両面とも、その水準には至っておらず、バランスをとっているにすぎないことがわかるだろう。もちろん、すべての顧客が、価格か品質かというような極端な選好を持つわけではなく、両者のバランスをうまくとった製品が顧客の支持を得ることも多い。しかし、１つ間違えば、個性に欠ける中途半端な製品として見られかねないのである。３つの基本戦略を提唱したM. ポーターも、「コスト・リーダーシップ戦略」と「差別化戦略」の両立は難しく、中途半端にそれを行おうとする企業の収益性は低下すると主張している。事業戦略の基本が、他社との違いを作ることであるならば、その違いを鮮明に打ち出し、顧客がはっきりと認識できるような形にすべきなのである。

4-3　競争優位を持続させる（1）:「バカな」と「なるほど」

競争を優位に進めていくためには、競争相手との間に「違い」を作る。その重要性は理解できたであろう。しかし、「違い」を作るといっても、それは、いうほど簡単なことではない。「違い」を思いついたとしても、すでに誰かが同じようなことを考えていたり、すぐに誰かがマネをしてきたりする可能性があるからである。特に、その違いが他社から見ても「たいしたものだ」「さすがだ」「あれはいい」と思えるようなものであれば、なおさらである。

一方で、成功している企業は、「なんであんなことをするんだ」というような、業界の常識からは考えられない「バカな」差別化を行っているという（吉原、1991年）。ところが、成功企業の「バカな」戦略の背後には、よく考え抜かれた、「なるほど」と納得できる合理性が隠されている。常識的には「バカな」とみられている戦略であるから、誰もすぐにはマネをしようとはしない。その間、「バカな」戦略をとった企業は、着々と足場を固めていき、競合企業がその成功に気づいたときには、すでに大きなリード、すなわち大きな「違い」を作り上げているのである。

4-4　競争優位を持続させる（2）：仕組みによる差別化

違いを維持していくためには、事業の仕組みレベルで差別化していくことも有効である。実は、差別化には２つのレベルの差別化がある。１つは、３つの基本戦略のところでも説明した製品、サービスの差別化である。そしてもう１つが、事業の仕組みの差別化である。事業の仕組みとは、顧客に価値を提供するための仕組みのことであり、事業コンセプトの「どのように」の部分がベースになったものである。

製品やサービスの差別化は、目立つし、話題になることも多い。しかし、それ故に、競争相手からも理解されやすく、差別化が長続きしないという欠点を持つ。一方の、事業の仕組みの差別化は、目立たない。しかも、仕組みは、企業のさまざまな能力や活動が複雑に絡み合ったものであり、競争相手が一朝一夕に真似ることは難しい。そのため競争優位が持続するのである。

akippaのビジネスも、仕組みの差別化が意識されている。事業コンセプトのところでも説明したように、akippaのサービスは、駐車場を借りたい人と貸したい人をインターネットを通してマッチングさせることで成り立っている。マッチングさせるということは、借りたい人と貸したい人の数が増えれば、それだけマッチングの機会は拡大し、サービスの価値も上昇していく。駐車場を貸す人が10人しかいないサービスと、1000人を超すサービスでは、後者のほうに人気が集まることは想像に難くないだろう。そしてある一定数を超えれば、おそらくほとんどの人は、そちらを利用したいと考えるはずである。したがってakippaの仕組みにとって、利用者数の増加は何よりも重要であり、一定数まで増やすことができれば、たとえ、競争相手が同じようなサービスを始めたとしても逆転することは難しいと考えられるのである。このように、akippaは利用者数を増やすことで仕組みの差別化を実現し、競争優位を維持しようと考えていたのである。

なお、この事業の仕組みについては、「事業システム」の話として、次章（第5章）でさらに学習を深めていくことにしよう。

5 おわりに

この章では、ある特定のビジネスの分野で企業を成功に導いていくための戦略、すなわち事業戦略について学習した。簡単にまとめるならば、「外部環境の分析を通して、魅力的な市場機会を発見し、事業コンセプトに落とし込んでいく。同時に、競争相手よりも優位に立てるような違いを構築していく」ということであろう。しかし、すでにおわかりだとは思うが、戦略は、分析さえすれば、後は自動的に正しい解に導いてくれる、という類のものではない。もちろん、分析は大切である。しかし、分析結果をもとに、もっともらしい方針や計画を並べるだけでは、企業を成功に導くことは難しい。そこでは従来の常識を覆すような創造力や、それを実行しようとする勇気や信念も求められるのである。

《参考文献》

大前研一（田口統吾・湯沢章伍訳）『ストラテジック・マインド―変革期の企業戦略論』プレジデント社、1984年。

加護野忠男・井上達彦『事業システム戦略－事業の仕組みと競争優位』有斐閣アルマ、2004年。

吉原英樹『「バカな」と「なるほど」―経営成功のキメ手!』同文舘出版、1991年（2014年にPHP研究所より復刊）。

コトラー、P.（木村達也訳）『コトラーの戦略的マーケティング』ダイヤモンド社、2000年。

コトラー、P.・K. L.ケラー（恩藏直人監修・月谷真紀訳）『コトラー&ケラーのマーケティング・マネジメント（第12版）』丸善出版、2014年。
ポーター、M. E.（土岐坤・中辻萬治・服部照夫訳）『（新訂）競争の戦略』ダイヤモンド社、1995年。

《次に読んで欲しい本》

加藤俊彦『競争戦略』日経文庫、2014年。
三枝匡『戦略プロフェッショナル―シェア逆転の企業変革ドラマ』日経ビジネス人文庫、2002年。
嶋口充輝、内田和成、黒岩健一郎編著『１からの戦略論（第２版）』碩学舎、2015年。

？考えてみよう

【予習用】

1. ある製品・サービス分野で成功している企業を１社とりあげ、その企業がなぜ成功しているのかを自分なりに考えてみよう。

【復習用】

1. 本文でも触れたように、新型コロナウイルス感染症の世界的な拡大は、新たな市場機会を生み出すものと考えられている。そこでPEST分析を用いて、何らかの市場機会を考えだすとともに、それを自分なりの事業コンセプトに落とし込んでみよう。
2. 同時に、想定される競争相手をリストアップし、それらに対して、どのような違いを築き上げていくべきかを考えてみよう。

第5章

「会社」を動かし続けるのに必要な「裏側」の事業戦略

1 はじめに

われわれの消費生活において、コンビニエンス・ストアの存在は非常に身近であり、かつ欠かすことができないものとなっている。生活圏には、数多くのコンビニ店舗が展開している。生活必需品のすべてが整うわけではないが、時間を気にせずに、多くのものやサービスを購入できる点に魅力がある。

本章では、コンビニエンス・ストアのような形態が、われわれの日常生活に深く根づいてきたメカニズムについて考える。まずは、この業界における代表的な存在、草分け的存在としてのセブン-イレブン・ジャパンを取り上げてみよう。

2 事例：セブン-イレブン・ジャパン

2-1 日本のコンビニ業界における草分け的存在

もともとは米国で生まれた小売業が起源である。社名からもうかがえるが、消費者の利便性を考えて、営業時間を「午前7時から午後11時まで」としていた。日本では、イトーヨーカ堂がライセンス契約をして、現在のセブン-イレブン・ジャパンの前身、ヨークセブンが創業された。国内では、コンビニエンス・ストアに対する反対の声もある中での参入（1974年）であったが、「中小小売店の近代化・

写真5-1　セブン-イレブンの店舗

（提供）株式会社セブン＆アイ・ホールディングス

活性化」という使命を持っていたという。

フランチャイズ契約によって、店舗のオーナー経営者を募ることで始まった。この契約は、店舗運営を加盟店オーナーに任せる一方、セブン-イレブン本部は、その支援を行うという形式である。本部は、顧客の消費行動についての情報収集のためのインフラを整備し、OFC（オペレーション・フィールド・カウンセラー）と呼ばれる店舗経営相談員を派遣して、各店舗の運営を支援する。そして、店舗の売上の一定割合をロイヤリティという形で受け取るのである。小売業のコンサルティングともみなせる。ロイヤリティは、セブン-イレブンにとって重要な収入源である。全店舗に占める割合は低いが、本部が自ら運営に携わる直営店舗も存在する。直営店舗では、実験的な試みや、社員の教育・研修の場としての位置づけも与えられている。フランチャイズと直営店の２つの方式を併用してきたのである。

今日、働き方改革などの影響を受けて、営業時間の短縮も議論されているが、創業からしばらくして24時間営業も取り入れ（70年代後半）、消費者が時間を気にせずに利用できる、現在の基本形が構築され、この業界のリーダー的存在に君臨してきた。その後、大手コンビニ・チェーン各社も、さまざまな点でセブン-イレブンの模倣を試みてきたという。よって同社の分析から、コンビニ業界で勝ち抜くための叡智が見出せるかもしれない。

■コラム5-1

ポーターによる「５つの脅威」

M. ポーターは、企業の利益を圧迫する要因を分析するために、「ファイブ・フォーシズ（５つの脅威）」という枠組みを提示している。いうまでもなく、ライバル企業の存在は、自社にとって代表的な脅威である。ライバル数が多く、差別化が難しいと価格競争になってしまうかもしれない。また、新規参入企業の存在、今の製品の替わりになるような代替品の登場も、自社にとって脅威となりうる。とりわけ、代替品のほうが経済的であるときは、顧客を奪われる可能性が高まる。規模の経済が働かないような製品分野だと、新規参入の脅威も高まるといえる。

図5-1 ファイブ・フォーシズ

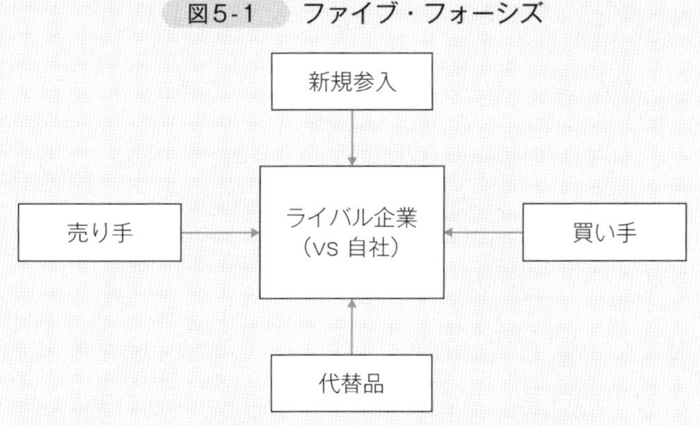

（出所）ポーター（1995）p.18を筆者が一部修正して掲載

それだけではなく、自社に原材料を提供してくれている取引先（売り手）や、自社製品を購入してくれている顧客（買い手）の状況も、自社にとって脅威となる場合がある。売り手にしても買い手にしても、特定の相手への依存度を高めることがリスクになったりする。こうした、自社を取り囲むさまざまなプレーヤーとの関係性において、自社の事業リスクを捉えようとする枠組みである。

本章で概観するコンビニ業界も、多様なプレーヤーとの関係性で成り立つ事業であり、同時に利益を圧迫する要因が多いようにみえる。その中で、差別化を生み出す事業システムの構築を考えていく必要がある。コンビニブランドNo.1を実現することで、とりわけ「売り手」に対する影響力を構築したセブン-イレブンの強さが際立っているようにみえる。

2-2　セブン-イレブンの店舗展開：ドミナント戦略

セブン-イレブンの出店パターンは、高密度での店舗展開といえる。これは、同じ時期に、全国一斉に出店するのではなく、特定の地域を選定し、集中的に店舗展開をしていく方針である。

図5-2　セブン-イレブンのネットワーク

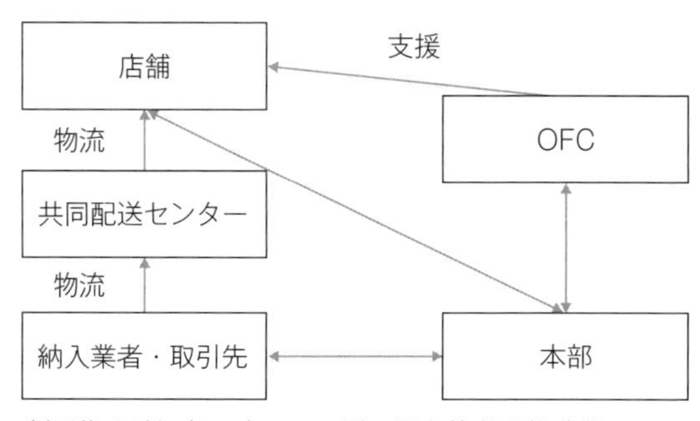

（出所）田村（2014）の308頁の図を筆者が簡略化

図5-2にみるように、コンビニ業界を支える主要な参加者は、コンビニ本部、OFC（本部からの経営指導員）、加盟店、そして納入業者・取引先などからなっている。セブン-イレブンでは、これらをひとつのまとまりとしてとらえ、「半径2.5キロ以内ほどの地域内に30店舗程度を集中出店」していく戦略がとられたという。このような特定の地域における網羅的な店舗展開をドミナント戦略と呼ぶが、セブン-イレブンでは創業以来、この戦略が強調されてきた。これらの参加者が連携することで生まれる価値を重視してきたのである。結果的に、一気呵成の全国展開ではなく、選んだエリアで市場を固め、他社の参入をできるだけ抑制する方針を重視してきたのである。創業からしばらくしても、セブン-イレブンの出店地域が関東圏中心であったのもこのためである。

ドミナント戦略は、以下にみる効率的な配送システム構築やユニークな商品開発の基盤となる、重要な戦略である。一方、他の大手コンビニ・チェーンも、セブン-イレブン同様、店舗拡大を至上命題としつつも、必ずしもドミナント戦略には固執してこなかったという。

2-3　セブン-イレブンを支える情報システム：「POSシステム」

セブン-イレブンでは、2,000以上もの商品を取り扱い、しかも短期間でその大半が入れ替わるという。目まぐるしい回転であるが、これはひとえに、スーパーに比べて狭い店舗（平均30坪）での効率的な売上を求める結果である。

各店舗での陳列商品の新陳代謝を支えてきたのが、「POS（ポイント・オブ・セールス）システム」である。その名の通り、買い物でレジを通した瞬間に、どのような顧客が、何を購入して、結果的に店舗の在庫がどうなっているのかという情報を収集するシステムである。収集された情報は、各店舗の運営を支援するために利用される。コンビニエンス・ストアでは、立地によって商品の売上構成に特徴が出てくる。立地が生み出す売上構成の違いを詳細に把握したうえで、各店舗の商品発注が実行される。

セブン-イレブンでは、ローソンやファミリーマートに比べ、早い時期にPOSシステムの全店舗導入を完了（80年代）している。情報システムは、この業界にとって欠かせないインフラといえる。

2-4 セブン-イレブンの物流効率化

商品の配送についても、セブン-イレブンは強みを構築してきたといわれる。コンビニエンス・ストアの主力商品のひとつである弁当、おにぎり、調理パンなどをみると、セブン-イレブンでは、各店舗１日当たり３～４回の配送を行っている。これを多頻度小口の配送という。本来、手間暇とコストがかかる、きめ細かな配送が採算に乗るためには、ターゲットとする地域での多店舗展開、つまりセブン-イレブンのドミナント戦略が功を奏してきたのである。地域ごとにまとまったロットで配送することができれば、頻繁な配送を行う物流面での採算も向上するのである。弁当、おにぎりに比べると配送頻度がやや低い清涼飲料水においても、たとえば、大手の飲料メーカー数社と協力関係を築いて、物流コスト削減を実現するという試みもなされてきた。そもそもセブン-イレブンの共同配送（**図5-1**）という仕組みは、納入業者・取引先ごとの縦割りの物流を改める試みでもあったという。

こうした例にみられるように、物流の効率化は、同社の経営基盤を支える重要な課題である。他のコンビニエンス・ストアに対する競争優位を構築するうえで重要であり、ここでもセブン-イレブンは、納入業者・取引先の採算をも考慮の対象としてきたのである。

2-5　セブン-イレブンのプライベートブランド（PB）商品開発：チームMD

POSシステムで集約された情報は、既存商品の効率的な品揃えのためだけに存在しているのではない。プライベートブランド商品、つまりセブン-イレブン独自の商品開発のための基盤データとしても利用している。納入業者・取引先、海外メーカー、さらには物流企業とも連携して、独自の商品開発を行っている。このようなチームMD（マーチャンダイジング）という協働プロジェクトを通じて多様な情報と知識を集約し、製品開発力を高めている。

セブン-イレブンでは、最初は自社ブランドの商品を低価格で販売する方向であったが、次第に価格競争からの脱却を狙うようになり、利益率の高い商品開発にシフトしていった。2007年にはセブンプレミアム、2010年にはさらに付加価値の高いセブンゴールドという商品群が発売されている。その際、強力な販売力を持つセブン-イレブンは、納入業者・取引先に対して影響力を持つ存在であった。強力な販売力を持つ企業とのつきあいは、納入業者・取引先の採算への期待を高め、セブン-イレブン向けの「専用工場」設立を決断させるに至っているという。こうした影響力を背景に、チームMDが機能することでPB商品のオリジナリティが高められるといえる。

2-6　国内での多様なサービス展開：リアル店舗の強み

セブン-イレブンのドミナント戦略は、現在、結果として国内の広範囲での加盟店展開を現実のものとした。ドミナント戦略は、それぞれの地域でのセブン-イレブンへの認知度を高めていった。これにともなう販売力の拡大は、同社が多種多様なサービスを展開するにあたり、その交渉を有利なものとする。日常生活の広い範囲で、徐々にセブン-イレブンが進出して、銀行や大手メーカーも含め、じつに多くの納入業者・取引先を引き寄せているという。その範囲は、E-コマース（以下、EC）との協調にも通じていった。一見すると、セブン-イレブンのようなリアル店舗とECは競合関係とみられるが、現実にはリアル店舗がECにとっての拠点になりうる。つまり、ECとの競合と協調の拠点となりつつある。

事実、セブン-イレブンは、さまざまな決済と受け渡しの拠点ともなっている。ATM配備、公共料金の支払い取り扱い、各種チケットの支払いと発券（受け取り）、宅配便の受け渡し機能など、われわれが日常的に必要とするさまざまなサービス提供の拠点となっている。

2-7　成長を求めるセブン-イレブンの海外展開

セブン-イレブン・ジャパンは、海外、とくに北米での店舗展開拡大を狙っている。セブン-イレブン・ジャパンを傘下に持つセブン＆アイ・ホールディングスは、既存コンビニ・チェーンの買収によって、北米地域での高シェア確立を目指している。

この試みの背景には、日本国内のコンビニ業界の成熟化の問題がある。また、感染症流行などの影響からデリバリー・ビジネスが勢いを増す中、店舗型のコンビニ・チェーンがあおりを受けたとの見方もある。そこで、脱成熟化の一手として、海外展開の加速が試みられている。ここでも、リアル店舗としての盤石な拠点網を構築することが、ECを運営する事業者との連携、シナジー効果を求めるうえで必須の課題という見方もある。

3　「事業システム」として考える

現在、コンビニエンス・ストアを利用する立場からは、大手コンビニ・チェーン各店舗のあり様に、歴然とした差があるというわけではない。草分け的存在としてのセブン-イレブンは業界No.1であることに注力してきたが、他の大手コンビニ・チェーンもその模倣を意識してきた。結果、コンビニ業界は熾烈な競争を繰り広げることとなり、業界全体のレベルが底上げされてきたのである。その過程では、他の大手コンビニ・チェーンが、セブン-イレブンをしのぐ製品分野を生み出すこともしばしばであった。とはいえ、総合的にみて、セブン-イレブンはコンビニ業界のリーダー的存在と位置づけられてきた。この点について、深掘りしてみよう。

3-1　まとまりをもつ、事業システムとしてとらえる

セブン-イレブンの例に限らず、成功した企業のマネジメントは、つねに注目される。その際、その企業がいかなる戦略を生み出し、それをどのような組織で実行しているのかが問われる。その際、経営学はひとつの企業の戦略と組織のあり方を中心に語られてきた。しかし、単体の企業に絞り込んで分析してみても、必ずしも満足のいく答えが得られない。そこで、事業システムという枠組みが注目されるよ

うになったのである。

事業システムとは、単体の企業の戦略や組織だけを考えるのではなく、その企業とつながりを持ち、ともに協働する多様な主体との関わりを含めて、ひとつのまとまりとして経営を捉える概念である。多様な主体には、納入業者・取引先、顧客、グループ企業、投資家や金融機関などが想定されている。製造業のサプライ・チェーンを考えても、原材料の仕入れ先、製造設備の納入業者、完成品の輸送業と納入業者、消費者への販売拠点など、じつに多くの人びとが事業を支えている。その関係性の中で、それぞれの参加者がどのような役割を担い、全体としてどのように調和していくのか。また、そこで何が生み出され、ひとつのまとまりとしてどのような進展を遂げていくのか。そのような点を考慮しながら、事業遂行に欠かせない社内外の人びととの関係性を構築・運営していくことが、事業システムのマネジメントである。

コンビニ業界の事例からも、本部だけの事情に配慮すれば済むものではないことが明らかであろう。コンビニ事業での主要な参加者は、加盟店オーナー、本部、本部から派遣される経営指導員、納入業者・取引先などであった。これらの人びとが、コンビニ業界の事業システムを構成しているといえ、それぞれが役割を担っている。そして、この事業システムが、小売業に変革をもたらしてきた。1970年代から、地域の商店街や個人商店から大手コンビニ・チェーンへのシフトが起こったのである。これは、まとまりをもった事業システムの生み出す付加価値が、商店街や個人商店の生み出すものより大きく、その結果、市場に受け入れられるようになったと解釈できよう。

大手コンビニ・チェーンによる多店舗展開は、消費者の認知度を高め、売上向上を目指すものである。なかでもセブン-イレブンでは、ドミナント戦略へのこだわりの強さがみられた。ドミナント戦略へのこだわりの背後には、事業システムへの参加者である、納入業者・取引先の採算への配慮が垣間みえた。それが端的に表れるのは、コンビニ・チェーンの強さを支える、きめ細かで迅速な物流構築においてである。本来このような対応は、納入業者・取引先の収益を圧迫しかねない。ドミナント戦略へのこだわりは、在庫・配送拠点の合理化に要するコストを吸収しうる、まとまった売上の確保を狙うものである。物流だけでなく、セブン-イレブン向けの専用工場も、同社の販売力があってこそといえる。それにより、納入業者・取引先の負荷を低減させ、長期的に安定した関係性を維持する試みといえる。

このように考えると、納入業者・取引先、さらには加盟店オーナーを含めた、事業システムをひとつの単位として発想することが、小売業における要諦のひとつといえよう。

3-2 事業システムが生み出す差別化の源泉

差別化を考えるうえでも、事業システムという捉え方は有用といえる。個々の製品・サービス・レベルでの差別化は持続性が低い一方、製品・サービスを生み出す事業システムのレベルでの差別化こそ模倣しにくく、持続性が高いと指摘される。もちろん、時間が経てば、事業システム自体も模倣の対象となりうる。しかし、常に他社の一歩先を歩む姿勢を追求すれば、模倣されにくい事業システムを維持できる可能性がある。そのためには、事業システムを構築する参加者とともに、新たな知識を生み出し、それを製品・サービスはもとより、事業システムに反映していくことが求められるのである。

新たな知識は、既存の情報や知識をもとに事業を行う過程で生み出され、追加されていくという側面を持っている。新たな取り組みへのチャレンジとそれに伴う成功や失敗の経験も織り込まれていく。こうした新たな知識の追加が、その企業固有の財産となっていくのである。これが持続的な差別化の源泉となるのである。

事例にみたセブン-イレブンのPOSシステム導入は、消費者情報を取り込む手段として繰り返し取り上げられてきた。他の大手コンビニ・チェーンも、同様の情報システムを導入してきた。消費時点での、瞬時の情報把握に努めてきたのである。それをもとに、売れ筋商品を把握して仕入れを増やせば、店舗は欠品を回避できる。逆に、なかなか売れない商品の入れ替えも素早く検討することができるのである。

しかし情報システム構築は、配架の新陳代謝という、物流の効率化に寄与するだけのものではない。より重要なのは、収集された情報をもとに、何を生み出すかである。それが、コンビニ・チェーンの競争力に違いを生み出すのである。とりわけセブン-イレブンでは、早い時期（90年代）から「仮説検証」のツールとして「POSシステム」を位置づけ、売れ筋になり得る新商品を探索してきたという。新たな付加価値の創出に向けて、各店舗・本部・OFC・納入業者・取引先の間で、情報と仮説の共有・蓄積に努めてきたのである。

大手コンビニ・チェーンの多店舗展開の結果、国内市場は飽和状態となりつつある。その中で、製品レベルでの差別化のために、少しでも特徴や話題性のある商品開発が課題となる。たとえば、弁当や総菜の分野では、地元の高校生や大学生らとのコラボレーション企画によってユニークな製品開発を目指す企画もよく耳にするであろう。ここでも、情報システムによって蓄積された情報が活用される。またこうした場でも、納入業者・取引先の協力が不可欠となっている。彼らを巻き込まなければ、売上に結びつく企画の実現は難しい。事業システムとしてのまとまりの安定性は、納入業者にセブン-イレブンのための専用工場の操業を決断させるに至っている。

そして、こうした商品開発の場面では、消費者情報の収集・分析の精度、そこから意味を引き出すセンスが大切となる。それは、事業システムとしてのまとまりの中で試行錯誤を繰り返すことで参加者に獲得・鍛錬され、厚みを増すものと考えられる。つまり、ユニークな製品企画は、事業システムとしてのユニークさに裏づけられる必要といえるのである。

3-3　事業システムのマネジメントに欠かせない影響力の源泉

多様な参加者が集まって構築される事業システムのマネジメントでは、それぞれが基本的に独立した主体であるため、その利害の調整が難しい。しかも、それを長く持続させるためには、互いのベクトル合わせに向けた何らかの工夫が必要となる。この点、たとえば、日本各地に存在する、陶磁器、酒蔵、洋菓子などの産業集積地の研究からの知見は有用である。これらの産地も、独立した多くの事業者の協働で支えられている。

しかし、本来仲間であったはずの事業者の中に、機会主義的な行動、つまり自社の利益だけを考えて、周囲を裏切るような行動をとるものが出てくることがある。独立した主体である以上、このようなリスクはつきものである。長く続いている産業集積には、こうした行動を抑え込み、協働のベクトル合わせを維持するための、不文律や相互牽制のメカニズムが存在しているという。

そう考えると、事業システムをマネジメントしていくにあたり、その中核となる企業は、関わりを持つ企業に対して、何らかの影響力を持ち、それを行使することが重要といえる。それには、事業システムの中で、自社が他社にとって欠かすことのできない存在となることでもある。

事例では、セブン-イレブンが「業界No.1」にこだわる姿がみてとれる。このことは、圧倒的な販売力を示すことに通じている。セブン-イレブンの強さの要因を分析した研究では、セブン-イレブンの強さのひとつとして、国内最大の店舗数を誇る点を挙げている。この販売力が、納入業者・取引先との関係性において、他のコンビニ・チェーンよりも優位にしているというのである。また、最大の店舗数を誇るコンビニ・チェーンとしての運営経験が、店舗展開のマネジメントと加盟店支援の能力向上に寄与しているという解釈も試みられている。

最近のM&Aへの動き、つまり北米市場における高いシェア獲得へのこだわりにも、このような根本的な経営哲学を垣間みることができる。つまり、今後関係を築くことになる企業に対しても、影響力を維持するためのたゆまない努力とみなしうる。EC隆盛の中でも、リアル店舗としての圧倒的な販売力が、他社に対する影響力の源泉と捉えられるのである。

このように、事業システムのマネジメントという視点でとらえた場合にも、改めて業界No.1にこだわることの価値が浮き彫りとなる。

4 おわりに

この章でみたように、コンビニ業界における強さは、加盟店オーナー、本部、本部からの経営指導員、そして納入業者・取引先との結びつきが生み出す付加価値の大きさといえる。それは、事業システムが生み出す付加価値と言い換えることができる。持続的に付加価値を生み出すためには、納入業者・取引先といった、本部からみれば独立した関係者たちに対する影響力の維持が重要である。影響力の源泉としては、リアル店舗としての勢力、そこで収集される消費者情報、消費者情報からの意味生成、そして、新たな商品開発に結びつけていく能力が重要であることもわかる。このような影響力を基盤として、とくに納入業者・取引先との結びつきを強めて、さまざまな企画を提案し、さらには事業システム自体を進化していくことが、このビジネスのカギとなりそうである。

もちろん、コンビニ業界に限らず、企業は周囲にさまざまな利害関係者を持っている。自社にとって意味のあるまとまり、付加価値を生み出す母体を意識することが重要である。そして、そこに集まる多様な主体の立場、自らの立ち位置を把握して、付加価値の更新に取り組んでいくことが、高い優位性を持つ事業システムの構築と維持に通じていくと考えられる。

■ コラム5-2

「業界No.1」であることを求める「経験曲線」の理論

世界的に有名な経営コンサルティング企業であるBCG（ボストン・コンサルティング・グループ）は、コンサルティングの基盤として、「経験曲線」というコンセプトを打ち出した。コンサルティングの過程で、企業がある製品の生産を始めてから現在に至る総生産量（累積生産量）が増加すると、製造コストが下がっていくという現象に着目し、それを実際に測定したのである。累積生産量が倍加するごとに、製造コストが15％削減されるという。

何もしないでも自動的にコストが下がるというのではなく、長く生産を続ける中で、さまざまな叡智が生み出され、製造工程の見直しやオートメーション化といった形で、製造現場を改善しようとする意図的な努力・工夫の結果もたらされる効果である。その意味で「経験曲線」という名前がついている。

この事実にもとづくメッセージは、「業界シェアNo.1を目指せ！」ということになる。シェアが１位の企業は、累積生産量がライバル企業に比べて多いはずである。そうなると、コスト競争力がもっとも高いといえるからである。このメッセージは、多角化した企業の戦略事業単位（事業部やまとまりのある利益単位）を評価・位置づけるための軸として、PPM（プロダクト・ポートフォリオ・マネジメント）でも用いられている。

《参考文献》

小川進「コンビニエンス・ストアにおけるシステム優位」『流通研究』第７巻第２号、2004年。
小川進・水野学「検証　コンビニ神話」『組織科学』第37巻第４号、2004年。
加護野忠男・井上達彦『事業システム戦略－事業の仕組みと競争優位』有斐閣アルマ、2004年。
加護野忠男・山田幸三編『日本のビジネス・システム－その原理と革新』有斐閣、2016年。
田村正紀『セブン-イレブンの足跡－持続成長メカニズムを探る』千倉書房、2014年。
ポーター、M.E.（土岐坤・中辻萬治・服部照夫訳）『（新訂）競争の戦略』ダイヤモンド社、1995年。

「セブンの磁力」『週刊 東洋経済』2013年７月13日号、36-55頁。
「セブン-イレブン・ジャパン」『月刊 ロジスティックスビジネス』2009年３号ケース（https://magazine.logi-biz.com/pdf-read.php?id=2279）

《次に読んで欲しい本》

井上達彦・鄭雅方『世界最速ビジネスモデル－中国スタートアップ図鑑』日経BP、2021年。
小川進『競争的共創論－革新参加社会の到来』白桃書房、2006年。

？考えてみよう

【予習用】

1．セブン-イレブンは、日本のコンビニ業界のリーダー企業といえる。この企業の強さについて、どのような要因が思い浮かびますか。考えてみよう。

【復習用】

1．いったん構築された事業システムも、やがては模倣され、特徴を失っていくと思われる。これを防ぐためには、どのような工夫が必要か、考えてみよう。
2．事象システムへの参加者をリードしていくためには、どのような要素が必要か、考えてみよう。

第6章

「会社」を動かし始める、続けるのに必要な「カネ」

1 はじめに

会社設立時、そして成長を目指しつつ、会社を日々、動かしていく。いずれの段階においても経営者を悩ますのは「カネ」、資金の問題である。それはakippa株式会社でも同様で、現在の「akippa」のサービスの立ち上げ、成長の流れにおいては、カネの問題はつねに金谷らを悩ませた。「デジタル大辞泉」によれば「資金の調達・運用。資金のやりくり。かねぐり。」（https://japanknowledge.com/lib/display/?lid=2001007877100）を意味する「資金繰り」は金谷のみならず、世の経営者の共通の悩みである。同辞典の例文は「資金繰りに苦しむ」である。

この章では経営者の悩みのタネとなっている、カネ、資金のやりくりの問題を取り上げていく。

2 事例：akippa（4）：『資金繰りが苦しい時に読む』本にまで手を出し

2-1 「会社」をなんとか動かすために

合同会社から株式会社に移行したギャラクシーエージェンシー、現在のakippa株式会社であるが、合同会社の設立は金谷のなけなしの蓄えをはたいた５万円の資本金、元手からであった。何でも売る時代から、求人広告サイトの運営に移行した。

営業力にものをいわせて広告の契約をかき集め、売上の成長を目論む。かき集めるためにも、従業員をかき集める。しかしこうなると、どうしても人件費がかさみ、利益の幅が薄い、利益率の低い状況から抜け出せなかった。そこで考えたのが、「成功報酬型」と呼ばれる類いの求人サイトの運営であった。これは広告主からは最初、いっさいの費用をもらわない（それまでは求人広告を掲載するだけで費用が発生していた）。ただし運営するサイトを経由して採用が決まれば、その段階で１人あたり数万円の報酬を広告主から払ってもらう。広告主が広告を掲載しつづけてくれれば、採用のごとに自動的に売上があがる。学術的な表現ではないが、うまく回り出せば寝ている間にも「チャリンチャリン」と売上があがるのである。ただし採用が決まらなければ、売上は生まれない。

2012年４月、新しい類の広告サイトの運営が始まる。しかしながら簡単には、「チャリンチャリン」とはならなかった。広告掲載から採用までにはどうしても時間がかかる。一方で、求人サイトの作成のためには費用がかかる。数ヶ月、「カネ」が入ってこない事態に陥る。目先の「カネ」を求めて、従来からの人手に頼る類のビジネスに力を注がざるを得なくなる。しかし中長期の成長を考えれば、せっかく立ち上げた成功報酬型のサイトも維持したい。悩む金谷をよそにして「カネ」が出ていく。急場しのぎでアイドルのライブイベントを手がけるが、焼け石に水であった。銀行にも相談に行くが、創業間もないベンチャー企業で実績もまだまだである。相談にすら乗ってもらえなかった。

しかし、救いの手が現れる。ベンチャーキャピタルである。書店にて『資金繰りが苦しい時に読む』といった類の本を立ち読みする金谷の目に、企業への「カネ」の出し手には「ベンチャーキャピタル（VC：Venture Capital）」がある、との内容が飛び込んでくる。金谷は当時、そうした出し手があることを知らなかった。VCは過去の実績ではなく将来性を見てくれると知った金谷は検索サイトでVCを探し、３社と面談にいたる。最終的には将来性を見込まれ、日本のVC最大手のジャフコから6,500万円の「カネ」の引き出し、出資となる。ジャフコからは「カネ」を得るだけでなく、その担当者からは事業計画書の書き方を指南されるなど、経営上のアドバイスまで受けることとなる。事業計画書とは、ビジネスを手がける者の夢や目標を現実にするための具体的な行動を示すものである。「カネ」だけでなく、上手に夢を追いかける手段も学んだのである。

2-2 「会社」をなんとか成長させるために

窮地をしのいだ当時の金谷らは「“なくてはならぬ”をつくる」の思いにたどり着き、2014年４月に当時の「あきっぱ！」のサービス開始となる。当時、「カネ」の出し手となったのは、「akippa」のビジネスを将来、有望と見なして投資する個人や組織であった。

サービス開始の数ヶ月後の７月には、ソーシャルショッピングサイト「BUYMA（バイマ）」を運営するエニグモの須田将啓・最高経営責任者とインターネット関連大手のディー・エヌ・エー（DeNA）からの出資を得た。サービス開始前、大阪で開催されたピッチ大会にて「akippa」を知った須田は、絶賛するとともに実現に向けてのアドバイスを提供している。また「akippa」の立ち上げに際しての広報内容を見てDeNAは関心を持ち、シェアリングエコノミー関連の有望な投資先として出資を決めた。

DeNAからは3,000万円、須田をふくむ何人かの個人から5,000万円の出資となった。開始当初は売上が伸び悩み、初月の売上は２万円でしかなかった。従業員

写真6-1 ピッチ大会での優勝

（提供）akippa株式会社

の不安が高まるなかでの出資は不安の払拭につながるとともに、売上をたんに追いかけるのではなく、「akippa」のサービスの肝である空き駐車場の確保の継続を可能にもした。

10月には、DeNAは追加出資する。同社は「カネ」だけでなく、須田がアドバイスを送ったように、開発や企画といった金谷らに欠けていた部分についての支援も行っている。エンジニアなどを派遣することで、本格的なITサービスのシステム構築を可能としたのである。

2-3 「会社」をさらに成長させるために

金谷自身、金谷そして「akippa」のサービスの将来性を見越した出資を受けて、やみくもに売上を求めるのではなく、まずは肝となる空き駐車場の確保に注力し、それが実を結び、利用者の確保、そして売上にも結びついていく。

2016年頃からは、「カネ」の出し手との「カネ」そのものや経営上のアドバイスやノウハウの提供といった関係にくわえて、事業連携をともなう出資も増加を見せる。これが結果、「akippa」のサービスの成長のドライバーとなる。

例えば、2016年12月にトヨタ自動車との提携を発表した。同月にサービスを開始したスマートフォンアプリ「TCスマホナビ」にて、「akippa」の駐車場の予約が可能となった。レンタカー最大手のトヨタレンタカーの店舗内の駐車場も、「akippa」への登録が進められた。前年７月、トヨタ自動車や三井住友銀行などが出資する「未来創生ファンド」から数億円の出資を受けていた。

また住友商事とも2016年９月に提携をした。その提携は住商のグループ企業や取引先がもっている空き駐車場を「akippa」を通じて貸し出す、あるいはそれらに「akippa」の駐車場の利用を促す内容であった。住友商事は2017年に出資も実施し、さらに2018年５月にも、日本郵政キャピタル、JR東日本スタートアップなど７社とともに追加の出資を行っている。日本郵政やJR東日本がもつ遊休地や駐車場を「akippa」で利用できることが目論まれている。JR東日本だけでなく、JR西日本も含めて沿線の人口減にともない空き地が増えている鉄道各社、遊休不動産を保有する不動産大手にとれば、空き地・遊休地を駐車場として「akippa」のサービスで埋めていける。

さらに鉄道会社の場合、鉄道の利用に際して駅近くの駐車場を「akippa」で検索して事前に予約することで「パーク＆ライド」を手軽に利用することが可能となる。これがさらに発展していけば、移動をモノで提供するのではなくサービスとし

写真6-2　SOMPOホールディングスとの提携

（提供）akippa株式会社

て提供する「MaaS（Mobility as a Service）」の考え方にもつながりうる。

さらに大きな動きとしては、損害保険大手のSOMPOホールディングスからの出資と提携である。akippa単独で事業展開も可能であったが、そもそもの「“なくてはならぬ”をつくる」、困りごとの解決をより大規模に手がけていくための出資の受け入れであった。損害保険会社には、免許を返納した高齢者の情報が蓄積されている。高齢化にともないますます、この数は増加を見せる。返納後は自宅の駐車場が空きとなり、これを借り受けることとした。傘下の保険代理店を通じて、空き駐車場の保有者に「akippa」のサービスの提案をしていく。また駐車場内で起きた事故を補償する仕組みを同社が開発、akippaが加入して、駐車場シェアに特化した業界初の保険も生み出した。

空き地・空き駐車場の確保、利用者の増加で、akippa、提携先、そして利用者の「三方良し」が実現されるだけでなく、提携を通じて社会のあり方を変えていく動きともなりうるのである。

3　会社運営・成長に必要な「カネ」の種類

日々、会社を動かしていく、それも成長を目指しながら。こうなると多額の「カネ」、資金が必要になる。必要な資金には大きく分けると2種類のものがある。

1つが「運転資金」である。会社が日々、活動するのに必要な資金である。原材料の仕入れ代や従業員の給与など短期でくり返される支払いに充てられる資金であり、「短期資金」とも呼ばれる。月の初めに部品を部品業者から仕入れて、それで商品を作って、当月中に誰かに売れる。こうした取引が会社間で行われた場合には、部品代の支払いは例えば当月末に行われ、しかし売れた代金の回収は翌月末、といった資金の流れになることは往々にしてある。当月末には給与、光熱費などなど、諸々の支払いもある。日払いのアルバイトには毎日、アルバイト代を支払っている。こうなると資金が不足しがちとなる。不足しないように、先月に売れた商品の代金は今月、いくら入ってくるのか、それで今月の支払いをまかなえるのか。まかなえないのならば、銀行にどのタイミングで、いかほど、借金のお願いをするか。多くの経営者の悩みのタネとなっている。

もう１つが「設備資金」である。長期にわたって会社を支える諸々に投じられる資金である。「長期資金」とも呼ばれる。運転資金とは異なり、例えば工場の設備購入は頻繁ではないが、金額は大きなものとなる。大きなものとなるが、設備の適切な更新は最終的には商品・サービスの魅力、競争力につながったり、コストダウンにつながったりする。経営者には計画的な実施が求められるが、金額の大きさなどゆえに、これも経営者の悩みのタネとなっている。

また「開業資金」と呼ばれる資金もある。起業、創業して新たにビジネスを手がける際に必要となる資金のことである。これも設備資金と運転資金に分けられる。飲食店の開業となれば、店舗の借り入れ、厨房設備や食器やテーブルといった備品の購入、法人で手がけるならば会社設立の費用、akippaの事例でいえば資本金

図6-1　会社を回すために必要な資金の種類

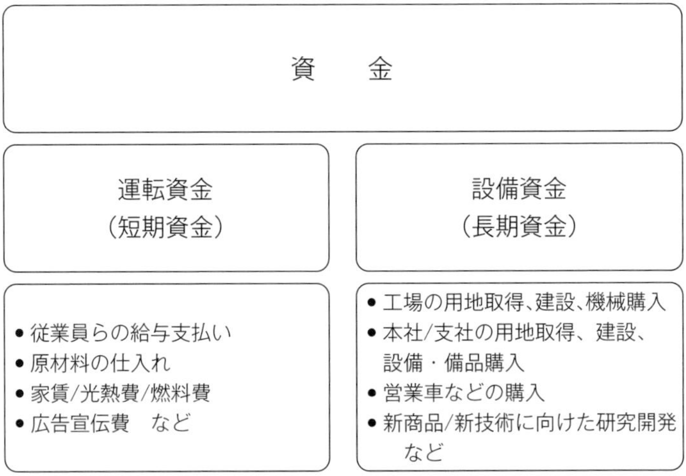

資　金	
運転資金 （短期資金）	設備資金 （長期資金）
● 従業員らの給与支払い ● 原材料の仕入れ ● 家賃/光熱費/燃料費 ● 広告宣伝費　など	● 工場の用地取得、建設、機械購入 ● 本社/支社の用地取得、建設、設備・備品購入 ● 営業車などの購入 ● 新商品/新技術に向けた研究開発　など

（出所）各種資料から筆者作成

５万円や法務局での諸手続の費用もかかってくる。「０から１」には相当の資金が必要となる。また「１」となっても、すぐにお客さんがつく、繁盛店となるとはかぎらない。繁盛店にするため例えば、広告宣伝もしないといけない。それには当然、お金がかかる。お客さんが少なかろうが、アルバイトにはアルバイト代をキチンと支払わねばならない。こうなると運転資金にもある程度、余裕を持っておく必要がある。

4 会社運営・成長に必要な「カネ」の工面

4-1 「内部金融」と「外部金融」

第３章でも説明したように事業活動の元手になるカネは資金と呼ばれ、それを工面することは「資金調達」と呼ばれる。調達をして、運転そして設備資金をやり繰りすることをビジネスの現場では、「資金繰り」と呼ぶ。

資金の工面の方法は、「内部金融」あるいは「自己金融」と呼ばれる方法と「外部金融」と呼ばれる方法がある。会社がこれまでの活動で得た利益を積み上げることを「内部留保」と呼ぶが、これを利用するのが前者である。会社の金庫に貯めたお金を使うのである。後で見る銀行などの相手方のない方法であり、返済云々がない。長期・短気の期間、使用の目的、使うタイミングなど、経営者の判断次第である。

しかしながら、つねに潤沢に資金を貯め込めるありがたい会社は少ない。提供している商品・サービスの売れ行きがもう一つ、いや、落ち込む会社もあろう。いいときもあれば悪いときもある。それがビジネスの世界である。また設備投資（研究開発もふくめて）をキチンと計画的にすればするほど、貯め込むのはなかなか難しい。上場している大企業の場合には、安全のために貯め込んだとしても当面、使い道がない資金と見なされ株主への配当金に回すよう、株主からの圧力も近年、特に大きくなっている。

第６章

■コラム6-1

「直接金融」と「間接金融」

会社を動かすだけではない。政府・地方自治体が行政サービスや公共事業を行う場合にも、巨額の資金が必要となる。例えば病院、学校、各種の社会福祉施設など、われわれが社会生活を営むのに必ず必要な組織を動かしていくにも、「カネ」は欠かせない。

カネに余裕のある組織や人から、足りないそれらにカネを流す、融通することを「金融」と呼ぶ。これには2つの流れがある。

1つは「直接金融」である。その代表は、株式会社が株式を発行してカネを集める方法である。社債を発行してカネを集めるのも直接金融である。カネに余裕のある者に対して直接に呼びかけて資金を集めるため、このように呼ばれるのである。カネに余裕のあるもの、カネの出し手の立場からすれば、彼・彼女ら自身が直接にカネの行き先を選び、カネを出すことになる。

この直接金融において重要な役割を果たしているのが例えば、証券会社である。株式や債券が売買される場のことを「証券市場」と呼ぶが、証券会社はここで重要な役割を果たしている。企業が株式や債券などを発行するに際してサポートをして、購入を考える顧客（投資家）の募集を取り仕切る。さらに証券会社は、投資家から購入代金を受け取り、それを株式や債券を発行した会社へと渡す。また、投資家には発行された株式や債券を引き渡す。証券市場において証券会社は、こうした機能を果たしている。ただし、あくまでも仲介、お手伝いである。カネに余裕のある者はどこにカネを出すのか、最終的には自分で選ぶ（もちろん、選ぶための情報なども証券会社は提供するが）。

一方、会社が銀行などの金融機関からカネを工面してくることを「間接金融」と呼ぶ。なぜ「間接」か。その理由は、銀行から提供されるカネは銀行自身のカネではないからである。元々は、カネに余裕のある人々や会社から預金として集めたカネである。カネの最終的な提供者である預金者が直接、各社にカネを差し出すのではない。ただし預金者は自らの預金が、いかなる会社に渡っているのかには関与しない。銀行などの金融機関が中に入ってカネの行き先を最終的に決めているのである。それゆえ「間接」と呼ばれるのである。

4-2 金融機関からの借入（借金）など

こうなると外部から工面することが必要となってくる。この方法の主たる手段には、①銀行などの金融機関から借り入れて（借金して）資金を集める手段、②債券（社債）を発行して集める手段、そして第３章で見た③株式を発行して集める手段の３つがある。

１つ目は、いわゆる「銀行から借金をする」手段である。銀行と名のつく金融機関のみならず、信用金庫、信用組合、保険会社などからカネを借りる手段である。「カネの工面」といえば、すぐに思いつく手段であろう。資金を貸した金融機関側には、貸した元々の資金である元本（元金）、くわえて利息を受け取る権利がある。逆に借りた側には、元本と利息を支払う（返済する）義務がある。利息とは、一定期間ごとの借り賃、資金の使用料である。こうした義務を果たしうると判断された段階となって、金融機関から借入をすることができる。

しかし会社でありさえすれば、必ず借入ができるというわけではない。貸すに値する、きちんと返してくれる、との信用を金融機関側がもたない限り、貸してはもらえない。これまでの取引実績などから判断される。成功報酬型の求人広告サイトの立ち上げがうまくいかず資金不足に直面したakippaの場合、創業間もなく過去の実績が少ないゆえに、銀行からの資金調達がかなわなかったのである。

金融機関からの借入に際しては過去の取引実績にくわえて、「保証人」や「担保」の有無も問われる。保証人とは、会社のふくめての借り主が返済しない、できない場合などに、借り主に代わって返済する義務を負う人のことである。担保とは、返済がなされない場合に備えて金融機関に、いわゆる「借金のカタ（形）」として提供されるものである。土地などの不動産が代表的である。くわえて今後のビジネスの計画や過去の経営実績なども貸付けの判断材料となる。

過去の取引実績でいえば、これまでビジネス経験のない者が起業するとなると、金融機関からの借入は絶望的となる。起業者自身の蓄えにくわえて、親兄弟や友人知人などに頭を下げてお金を工面する。これが現実である。ただし金融機関のなかには、日本政策金融公庫など公的金融機関と呼ばれるものもあり、こうした金融機関は創業準備・間際の起業者向けの貸付けの制度を充実させている。

２つ目の債券を発行して資金を集める手段であるが、これも銀行などからの借入と同様に借金である。期限が到来すれば全額、返却する必要がある。また、利息も一定期間ごとに支払う義務がある。中小企業や設立間もないベンチャー企業が利用できる類の社債もあるが、伝統的に大企業が用いる手段であった。

■コラム6-2

クラウドファンディング

ITの発達により最近では、「クラウドファンディング（CF）」で資金を集める方法も注目を浴びている。ビジネスの新しいアイデアをもつ人が、インターネットを通じて一般の個人などから少しずつ資金を集める仕組みである。「群衆（Crowd）」と「資金調達（Funding）」を掛け合わせた造語である。１人１人からは少額でも、インターネットを介することで多数、集めれば相当な資金となることもある。

こうした資金提供に対しては「図6-2」のように、純粋な寄付としてリターンを求めない「寄付型」、「購入型」の場合には提供した金銭相応の新商品・新サービスが返礼品の形でリターンとなることもあれば、感謝の気持ちの品程度がリターンとなる場合もある。この「購入型」の場合には、資金調達を主たる目的とはしない場合もある。新商品の先行販売などの形で資金提供者を募り、どの程度、顧客に受け入れられるか、その調査を主たる目的とする場合もある。「投資型」においては、一般的に流通することが少ない未公開の株式をリターンとして、不特定多数の個人から資金が集められる。一個人が提供できる資金には上限があるなど、通常の株式への投資とは違いがある。しかし従来に比較すれば、相当に幅広くから株式の形で資金を工面することが可能である。

図6-2　クラウドファンディングの主な種類

寄付型

- 寄付金を資金提供して、リターンは求めない。

購入型

- 企業や個人の商品・サービス開発などに資金提供して、リターンは商品・サービスなど。

投資型

- 新規事業やベンチャー企業などに対して投資や融資などで出資を募り、リターンは未公開の株式や金利。

（出所）全国銀行協会のウェブサイト、ならびに各種の記事などから筆者作成ただし例えば、必要とする目標額まで資金がそもそも集まらなかったり、新商品・新サービスが完成にいたらずリターンが提供されなかったりするといった課題も指摘されている。

4-3 ベンチャーキャピタルからの工面

3つ目が株式を発行して集める手段である。ただし、株式を発行して広い範囲から多額の資金を調達できるのは基本的に会社の株式が株式市場に上場してからである。それ以前は創業者自身・一族だけが株主、くわえて金融機関をふくめて親しい取引先のみが株主である場合が珍しくない。そうした場合、集められる資金には限界がある。それゆえ中小企業や成長途上にある会社の場合には、金融機関からの借入が重要な調達手段であった。

ただし、いわゆる「ベンチャー企業（VB：Venture Business)」や「ベンチャービジネス」と呼ばれる、リスクを恐れず成長意欲にも満ちた起業家によって率いられ、新たな技術やアイデアをもとにして革新的な事業展開を試みようとする企業については、「ベンチャーキャピタル（VC：Venture Capital)」と呼ばれる人々が資金などの重要な出し手となってきた。

そうした会社は創業して日が浅いことが多く、akippaがそうであったように信用力が十分なものではない。そのため、銀行や一般の投資家から資金を集めてくることは難しい。こうしたベンチャー企業に対して資金の出し手となることを専らビジネスとする組織や会社、個人のことをVCや「ベンチャーキャピタリスト（Venture Capitalist）と呼ぶ。Akippaにとっての例えば、ジャフコである。また商品・サービスの提供を行いつつ、ベンチャーの手がける事業の将来性やそれとの連携を考えて、VCとしての投資を行う会社もある。例えばDeNAである。

ベンチャー企業が展開を考えているビジネスの将来性を評価することで、過去の財務成果や取引実績に重きを置く金融機関などの代わりとなっているのである。それゆえに資金がショート、不足しがちなベンチャー企業にとっては、重要な資金供給源となる。

具体的には株式を取得することで資金を投下し、株式上場などによるキャピタルゲインによって利益を得る。こうした利益を実現するため、役員などを送り込むなどして経営に積極的に関与したり、販売先などのネットワークを紹介したりするなど、資金面以外の結びつきを持つ場合もある。ジャフコの担当者が事業計画書の書き方を金谷らに手ほどきし、また、DeNAからの人材派遣でITサービスのシステム構築が可能となったのである。

5 おわりに

資金調達、企業経営の現場の言葉でいえば「資金繰り」は会社マネジメントの要である。これに失敗すると当然、「倒産」の二文字が会社に降りかかってくる。それゆえ、さまざまな調達手法を知り、それを上手に使っていくことが求められる。また資金の出し手との関係は「カネのつながり」だけでなく、会社マネジメントの術を磨き上げる関係にもなりうる。

株式による資金の工面については、上場会社となってはじめて、広く、そして、多額の資金の獲得につながる。この点については章をあらためて学んでいこう（第7章）。

《参考文献》

松崎和久『会社学の基礎知識』税務経理協会、2019年。

《次に読んで欲しい本》

井上光太郎・高橋大志・池田直史『ファイナンス』中央経済社、2020年。

榊原茂樹・岡田克彦編著『１からのファイナンス』碩学舎、2012年。

池井戸潤「半沢直樹シリーズ」文春文庫（https://books.bunshun.jp/sp/hanzawa）。

？考えてみよう

【予習用】

1. 自分で、あるいは友人知人とお店を開くとする。オシャレなカフェ、こだわりの本を集めた本屋さんなど、商品・サービスは何でもいいので、開業資金としてどんなことにお金がかかりそうか、考えてみよう。

【復習用】

1．資金繰り、会社マネジメントに関わって「黒字倒産」なる言葉がある。これが何を意味するのか調べて、なぜこんなことが起こってしまうのか考えてみよう。

2．第二次世界大戦後の日本の経済・産業分野をリードした業界にエレクトロニクス業界がある。業界を代表する会社に現在のパナソニックとソニーがある。それぞれ、創業時にどのように資金を工面したのか、なぜそのような形で工面したのか、あるいは、そのような形でしか工面できなかったのか、考えてみよう。

第7章

「会社」を動かし始める、続けるのに必要な「カネ」の難しさ

1 はじめに

「会社設立時、そして成長を目指しつつ、会社を日々、動かしていく。いずれの段階においても経営者を悩ますのは『カネ』、資金の問題である」から前章は始まった。この章でも引きつづいて「カネ」の問題を取り扱う。

前章では、会社が日々、活動するための「運転資金」(「短期資金」とも呼ばれる)、会社を長期にわたって支える諸々に投じられる「設備資金」(「長期資金」とも呼ばれる)、また、起業、創業して新たに商品やサービスの提供を始める際に必要な「開業資金」といった資金、「カネ」が必要なことを学んだ。そうした資金を工面する、それを専門的には「資金調達」と呼び、その方法を大別すると「内部金融」「外部金融」の方法があることを学んだ。

こうした資金を活用して商品やサービスの提供を進めていく際に気をつけないといけないのは、キチンと利益を出す、「儲ける」術(すべ)を施すことにある。例えば食品であれば、美味しさ、調理の手軽さ、パッケージのオシャレさなど。様々な術を駆使して美味しさなどを実現し、お客さんに手に取ってもらう。そうした術のうち、最重要なものの1つは「値付け」である。どれほど多くのお客さんの手に取ってもらおうが、これに失敗すると「儲ける」ことはできない。生産にかかった金額(例えば、1個当たり100円としよう)よりも安い値付け(例えば、1個当たり90円)で売る。これでは利益は出ない(1個当たり10円の赤字)。「当たり前」と笑われるかもしれない。しかしビジネスの現場では、「隣が90円で売っている」「じゃあ、

ウチも90円で」といった横並びが往々にして見られる（隣は１個当たり80円で作る工夫をしたうえで90円の値付けをしているのなら、これがまともなビジネス、「商売」である）。この章では最初の「２．事例：「お好み焼き」でいかに「儲けるか！」」にて、キチンと利益を出すための値付けに必要な考え方である「損益分岐点」について取り上げる。

「カネ」をどうにか工面して、商品・サービスを提供する。その結果をキチンと記録する。つまりどれだけの売上があって、その売上をあげるのにどれほどの費用がかかって、結果、これだけの利益が残る、あるいは残念ながら損失が出てしまった、といった記録を残す必要がある。まともにビジネスを回していきたいと考えるのなら「ウチは小さい会社だから、『丼勘定（どんぶり）』で」は許されない。インターネットの「コトバンク」で「丼勘定」を検索してみよう（https://kotobank.jp/word/%E4%B8%BC%E5%8B%98%E5%AE%9A-586821）。「細かく計算などをしないで、おおまかに金の出し入れをすること。昔、職人などが、腹掛けのどんぶりから無造作に金を出し入れして使ったことからいう」「手元にあるにまかせて、帳面にもつけないで、気ままに支払いをすますこと。おおまかに金の出し入れをすること」との説明がある。

「あなたは『丼勘定』のこんな会社で働きたいですか」「あなたはこんな会社に部品を納めたいですか」と問われれば、答えは「いいえ」であろう。買った後の保証やメインテナンスを考えれば、こんな会社の商品・サービスを進んで買うこともなかろう（また、こんな勘定をしていては、キチンと税金を払うこともままならない）。キチンと記録する手段、会計やアカウンティングと呼ばれる手段についても学ぶことにする。

最後、「カネ」の工面の問題に戻る。キチンと「儲け」を出し、キチンと「儲け」などを記録する。これをつづけていれば証券取引所に株式を上場し、株式新規公開（IPO：Initial Public Offering）が可能となる。これにより、より多くの人々から「カネ」を集めることが可能となる。同時に、より多くの人々から集めることが可能となるゆえに、「儲け」などの記録をよりキチンとしたものとする必要が出てくる。この章では、こうした点についても触れていくこととしよう。

2 事例：「お好み焼き」でいかに「儲けるか！」（損益分岐点）

2-1 「お好み焼き」の模擬店を始めるには

各大学などで開催される学園祭。日頃の学びの成果の発表を、という取り組みもあろうかと思うが、その華となるのは何といっても立ち並ぶ模擬店の数々であろう。「ガッツリ系」としては唐揚げやカレーライスなどなど、「お菓子系」としてはベビーカステラや綿菓子などなど、また留学生がお国の料理を、というのも最近、増えてきている。くわえて（「ガッツリ系」に入るかもしれませんが）いわゆる「粉モノ」も定番であろう。たこ焼き、焼きそば、そしてお好み焼きなど。これらも定番であろう。以下、お好み焼きの模擬店のマネジメントをシミュレーションすることを通じて、「損益分岐点」の考え方の基礎を学んでいく。

では、お好み焼きの模擬店を開くには何が必要か（そもそも、お好み焼きがいいのか、それとも目新しい食べ物に挑戦してみるのか、の検討も重要であろう。ただし学園祭の場合、クラブ、サークル、ゼミごとに毎年、ほぼ同じものを手がけるこ

写真7-1　海外での模擬店の1コマ

（出所）細井謙一（右端）・広島経済大学教授の撮影

とが多い。前年、お好み焼きを手がけたメンバーとすれば、お好み焼きの模擬店を開店するまでの段取りや料理方法などに慣れている。数日間のために、新たな段取りや調理方法にトライするのは面倒でもあろうし、失敗するリスクも高まろう。それゆえ、同じものを手がけることが合理的であろう。

しかしながら、他のクラブなどがそう考えるなら、ウチはあえて新しいものにトライする、のも戦略策定の観点からは捨てがたい。こうした悩みが、まさにマネジメントに関わる悩みである)。諸々の「モノ」としては調理のための鉄板、ガスコンロ、衛生面や天候のことを考えればテントも必要となろう。座って食べてもらうにはイスやテーブルも必要となる。コテなどの細々とした調理器具も必要であろう。当然、お好み焼きにはキャベツ、卵といった食材も必要である。広島お好み焼きとなれば、焼きそば麺（中華麺）も必要になってくる。くわえて、調理や接客のための「ヒト」も必要になる。ただし学園祭の模擬店であるので、サークルなどのメンバーがバイト代ゼロで頑張ることとなろう。

2-2 「固定費」と「変動費」

味付けなどは他のメンバーに任せるとして（これも費用を左右するが）、あなたは価格を決めなければならない立場になったとしよう。どうやって決めればいいのか。多くの場合「毎年、400円で売ってそこそこ儲かってきたから、それでいこう」「去年、隣のたこ焼きの模擬店、そういえば350円で売って繁盛していたなあ、だからウチも350円でいこう」といった判断になろう。もちろん、他店との比較などは重要である。しかしながら、価格決定に際しては自らのお店に関わる諸要因をキチンと検討することも重要である。

まずは「費用」は重要である。費用を無視しての安値は当然、赤字につながる。ではお好み焼きを調理して売るのに費用はどれほどかかるのか。これを考えるには、費用には以下の２つがあることを理解して欲しい。

- 固定費：生産量に関係なく一定額がかかる費用
- 変動費：生産量に比例して変動する費用

学園祭などの場合、「モノ」の少なからずはレンタルが一般的であろう。鉄板から細々とした調理器具まで一式をレンタルする「カネ」は上の固定費である。業者からレンタルをしてしまえば、お好み焼きが「売れようが売れまいが」、つまり生産量（販売量）に関係なく、事前に決まったレンタル料金、つまり一定額、が発生

写真7-2 学園祭での模擬店の1コマ

（出所）細井謙一・広島経済大学教授の撮影

する。あくまでも例えば、であるが、学園祭が開催される3日間で12万円のレンタル料金が「売れようが売れまいが」発生するのである（一時的な模擬店ではなく店舗を構えてのお好み焼き店の場合であれば、例えば、店舗の賃料、水道・光熱費などの基本料金、正規の従業員とした場合の人件費などが固定費となる)。この固定費（ここではレンタル料金）となる12万円を超える売上をあげることは、赤字を避ける最低ラインとなる。固定費は何よりも回収せねばならない。

一方、「モノ」のなかでもお好み焼きのキャベツ、卵といった食材は、お好み焼きが売れれば売れるほど費用が発生する。お好み焼きを入れる皿や割り箸もそうである。これも例えば、であるが、お好み焼き一皿当たり150円の費用がかかるものとしよう。生産量（販売量）に比例して、この150円は変動（増加）する。

2-3 「儲け」を出すには

固定費が12万円、変動費は一皿当たり150円として、どの程度の利益が出るのか、シミュレーションしてみよう。例えば、一皿400円で1日200皿（3日間で600皿）を売れるとしよう。

- ✧ 売上：24万円（一皿400円×600皿）
- ✧ 固定費：12万円
- ✧ 変動費：９万円（一皿150円×600皿）
- ➢ 利益：３万円［売上24万円－（固定費12万円＋変動費９万円）］

この場合、３万円の利益となる。つぎに、考え方を変えてみよう。３日間で600皿を売るとして、赤字を避けるためには最低限、いくらで売ればいいのか。これは、以下の様に求められる。

- ✧ 生産量（販売量）の見込み：600皿
- ✧ 固定費：12万円
- ✧ 変動費：９万円（一皿150円×600皿）
- ➢ 損益分岐点：350円［（固定費12万円＋変動費９万円）÷生産量（販売量）の見込み600皿）］

600皿を売るとして、１皿ごとの固定費と変動費の合計である350円が費用と売上が等しくなる点となる。この点が「損益分岐点」と呼ばれる点となる。この場合、350円で売れば赤字は出ない。しかし黒字にもならない。ビジネスの現場の言葉でいえば「とんとん」になる点である。

この損益分岐点が分かれば、それ以上で価格をつける必要のあることが分かる。また最初、400円で売り出して売れ行きが芳しくない場合には、いくらまで値下げしてもいいかも分かる。

確実に利益を獲得するには、この損益分岐点をいかに下げるかが重要となる。「売れれば売れるほど」、店の経営としては当然にありがたい。しかしながら当然、変動費は増加する。そこで、損益分岐点を下げるためのポイントは固定費の削減である。例えば、３日間で12万円かかっているレンタル料金の削減である。鉄板、ガスコンロ、テントはレンタルせざるを得ないとしても、（見栄えは悪いかもしれないが）イスやテーブルは部室から、コテなどの細々とした調理器具もメンバーの自宅から持ってくる。これでレンタル料金が半額の６万円となれば、損益分岐点は劇的に改善する。

- ✧ 生産量（販売量）の見込み：600皿
- ✧ 固定費：（12万円⇒）６万円
- ✧ 変動費：９万円（一皿150円×600皿）
- ➢ 損益分岐点：（350円⇒）250円［（固定費６万円＋変動費９万円）÷生産量（販売量）の見込み600皿）］

250円で「とんとん」となる。こうなれば当初の400円ではなく300円で販売しても、以下のように同じ「儲け」を得ることができる。

- ✧ 売上：18万円（一皿300円×600皿）
- ✧ 固定費：（12万円⇒）６万円
- ✧ 変動費：９万円（一皿150円×600皿）
- ➢ 利益：３万円［売上18万円－（固定費６万円＋変動費９万円）］

同じ600皿を売るにしても、費用の構造によって利益が出る点（損益分岐点）が大きく異なり、また、費用の構造を見直す（この事例でいえば、固定費を12万円から６万円に削減することで）ことによっても同じ利益を獲得できるのである。キチンと利益を出す、「儲ける」術がこの損益分岐点の考え方である。

第７章

3 財務諸表

3-1 財務諸表とは

「この会社の株、買っていいものか」と悩むお金持ち。「この会社にお金を貸しても大丈夫だろうか」と悩む銀行の融資担当者。あるいは「この会社、就職してもいい会社だろうか」と悩む学生。彼・彼女らが等しく知りたいのは、その会社が実際にどれだけ「儲け」をあげているのか、であろう。中長期にわたって利益の出ていない会社の株式を買う、お金を貸す、就職するのは相当な冒険となろう。ただし利益は出ていないけれども、日本のみならず世界の超一等地に莫大な土地、つまり資産を持っているとしたら、どうだろうか。話は変わってくるであろう。

会社が「儲け」をキチンとあげているのかどうか（収益性）、どれほど資産を持っているのか、逆に借金（負債）を抱えているのか。「財務諸表」を見れば、これらは明らかとなる。一般的には決算書とも呼ばれる。その表に記載されている情報は会計情報と呼ばれる。会社のマネジメントの成績表といってもよい。

成績表のつけ方については、国などがキチンと規則を定めている。各社は、そうした規則に則って作表しないといけない。各社独自の規則で作成しても、それは認められない（各社にとって都合のいい規則が乱立しては、成績表を誰も信用しなくなる）。規則があることで一度、その規則にそっての読みこなし方を身につければ、誰もが会社に関わる基礎的な情報を得ることができる。

■コラム7-1

粉飾決算

粉飾決算とは、会社の経営が芳しいものではないのに（例えば、「儲け」が出ていない、つまり赤字）、不正な経理操作を駆使して芳しいように見せた決算である。売上の水増し（プラス）と費用の圧縮（マイナス）につながる不正な方法を通常、組み合わせることで行われる。「儲け」などがキチンと記録・報告されることで、個々の会社の経営とそれを取り巻く利害関係者の関係が適切なものとなっている。決算がキチンとしたものであることを前提に銀行は安心して「カネ」を貸すことができ、投資家も安心して株を買うことができる。学生の皆さんも、安心して就職先を探すことができる。

経済社会だけでなく、社会全体がキチンと回る要となっているのである（逆粉飾決算と呼ばれるものもある。これは「儲け」が出ている、黒字決算であるにもかかわらず、赤字決算とするような場合である。この場合は脱税が問題となる）。社会的影響が大なるゆえ、その程度にもよるが粉飾決算には、各種の法律によって厳しい罰則（刑事罰）が科せられる。また粉飾決算に手を染めた経営者に対しては、会社に多大なる損害を与えた疑いで損害賠償請求や訴訟が起こされる場合もある。

以下、証券取引所による上場企業向けのセミナーの資料である（https://www.jpx.co.jp/regulation/seminar/files/201602hamada.pdf）。会社内外に多大なる悪影響を及ぼすため、決して手を染めることがないよう、注意が喚起されている。

≪会社外部への影響≫

- 投資者に誤った意思決定をさせてしまう
- それ以外の利害関係者（債権者、取引先、顧客、地方自治体、従業員、社外役

員等々）にも誤った意思決定をさせてしまう

≪会社内部への影響≫

- 損失や問題はないことになっているので、抜本的な体質改善、構造改革ができない
- さまざまな事業、プロジェクト、取引で利益操作、仮装、偽装、隠蔽が錯綜し、社長（CEO）、経理部長（CFO）も実体がわからなくなる
- 嘘を前提での活動、表と裏を使い分ける活動を続けていると ⇒ 組織全体（役員、従業員を含む）が腐っていく
- 深化・長期化すれば、会社再生のチャンスを失ってしまう

3-2 損益計算書とは

「諸表」であるのでさまざまな表がある。財務諸表のなかでも、貸借対照表・損益計算書・キャッシュフロー計算書は特に「財務三表」と呼ばれる。ここでは最初の2つに絞って、その要点を見ていく。まず損益計算書（P/L：Profit and Loss Statement）である。これは会社の一定期間における経営の成績、会社の「儲け」が示される表である。会社の活動の成果である収益と、その成果の獲得に要した費用を対比させ、以下の式が基本となる。

- 「損益」＝「収益」－「費用」

差額がプラスの場合には利益、マイナスの場合には損失が会社に生じていることになる。損益計算書の収益と費用の基本的な構造が**表7-1**にある。

会社の生み出した「儲け」、利益（あるいは損失）には、何段階かのものがある。「売上高」は利益の計算の基礎、損益計算のスタートである。「売上高」から「売上原価」をマイナスしたのが「売上総利益」である。会社の基本的な活動である商品の販売から得られた利益である。細かな費用はマイナスされていないのでビジネスの現場では「粗利（あらり）」とも呼ばれる。

この「売上総利益」から「販売費及び一般管理費」（「販管費」と略される）をマイナスしたのが「営業利益」である。会社の本業における経営の成果を示す利益である。それゆえ、まず、その大きさが注視される。製造業の場合には製品の生産・販売、小売業の場合には商品の販売、金融業の場合には例えば、預貯金の獲得、融

表7-1　損益計算書（P/L）の基本構造

（＋）	売上高（製品・サービスなどの商品の販売によって得られた収益）
（－）	売上原価（販売した製品を作るのに要した費用、例えば、製造費用）
	売上総利益
（－）	販売費及び一般管理費（商品の販売と会社の管理のために生じた費用、例えば、広告宣伝費や人件費）
	営業利益
（＋）	営業外収益（会社の本業以外からの日常的な収益、例えば、受取利息や配当）
（－）	営業外費用（会社の本業以外からの日常的な費用、例えば、支払利息）
	経常利益
（＋）	特別利益（会社の本業以外からの臨時的・偶発的な収益、例えば、不動産の売却益）
（－）	特別損失（会社の本業以外からの臨時的・偶発的な費用、例えば、天災による修繕費用）
	税引前当期純利益
（－）	法人税等（法人税、住民税、事業税）
	当期純利益

資、決済といった業務が本業である。この数値を同業他社と比較する、あるいは自社の前期と比較することで、自社の経営状態を客観的に判断することができる。

この「営業利益」に「営業外収益」をプラス、そして「営業外費用」をマイナスしたのが「経常利益」である。金融業を別とすれば通常、利息の受け取りや支払いは本業に関わる収益や費用ではない。しかしながら、会社の活動においては日常的に発生するものである。そのため、この「経常利益」は会社の日常的な活動における経営の成果を示すものであるといえる。本業が順調で営業利益を相当にあげても、借金が多い場合には利払いが重くのしかかり経常利益が減る。財務の良し悪しも含めての総合的な「儲け」る力を示すものである。

この「営業利益」に「特別利益」をプラス、そして「特別損失」をマイナスしたのが「税引前当期純利益」である。そして、この「税引前当期純利益」から法人税、住民税、事業税といった「法人税等」をマイナスしたのが「当期純利益」である。会社の活動の全体的な利益であり、会社が株主に配当を支払うもとになる。

3-3　貸借対照表とは

つぎに貸借対照表を見ていこう。損益計算書は会社の一定期間における経営の成績、会社の「儲け」が示される表である。一定期間の「フロー」を示すものである。

一方で貸借対照表（BS：Balance Sheet）とは、一定時点の財政状態、「ストック」を示す表である。決算日に会社に資産や負債がどれほど残されているのかが分かる。

「デジタル大辞泉」で「個人または法人の所有する金銭・土地・建物などの総称。財産」（https://kotobank.jp/word/%E8%B3%87%E7%94%A3-4144）と定義されるように、個人の生活に関わっても使われる「資産」との用語。会社が所有するあらゆる「カネ」や「モノ」を金銭の単位で表したものである。負債は要するに、借金である。

まず、**図7-1**を眺めながら貸借対照表の構造の大枠を見ていこう。その右側は「貸方」と呼ばれ、会社がどのような手段で「カネ」を工面したのかを示している。一方で左側は「借方」と呼ばれ、工面した「カネ」をどのような資産の形で運用しているかが示されている。

つぎに貸方について、少しだけくわしく見ていこう。繰り返しとなるが、「負債」として示される額は要するに借金の額である。借入金や社債の発行のように他人から工面した「カネ」を指す（負債の部）。期限が来れば、銀行などの債権者に返済しなければならないものである。くわえて、株式の発行や過去の利益の蓄積などの「カネ」、「自己資本」によるもの（純資産の部）に貸方は大別される。負債は、おおむね1年以内に支払期限がくる「流動負債」と、それ以外の長期的な負債である「固定負債」に、さらに大別される。

さらに借方についても見ていこう。工面した「カネ」をどのような形で運用しているかが示され、将来、会社に「カネ」をもたらす経営資源がどれほど、どのような形で存在しているのかが分かる。借方は、おおむね1年以内、短期的に「カネ」

図7-1　貸借対照表（B/S）の基本構造

資　産	負　債
流動資産 （現金・預金、売掛金他）	流動負債 （短期借入金他）
	固定負債 （長期借入金他）
固定資産 （土地・建物、機械他）	純資産
	資本金他

（出所）各種資料から筆者作成。

に変えることができる「流動資産」と、短期的には変えることができない「固定資産」に大別される。前者にはまず、現金・預金、売掛金、有価証券などが含まれる。売掛金とは、商品の売買といった会社が日常的に行う取引において、自らが売った商品の代金を取引相手から回収していていない状態の「カネ」、いわゆる「ツケ」である。これらは「当座資産」と呼ばれる。流動資産にはくわえて、商品在庫などの「棚卸資産」に大別される。後者には、土地・建物、機械・装置などが含まれる。

負債と純資産の合計額は工面した「カネ」の合計額である。原則として工面した「カネ」の額と「カネ」の運用額は同じとなるので、以下のような式が成り立つ。

- 資産（総資産）＝負債＋純資産

実際の会社の貸借対照表を見ると、借方と貸方の欄の一番下の数値は一致している。これが「バランス・シート」と呼ばれる所以である。

■コラム7-2

収益性の分析

会社のマネジメントが効率的に行われているのかを、特に効率的に利益を獲得しているのかどうかという収益性に関するの代表的な指標には、売上高利益率、総資産利益率（ROA：Return on Asset)、自己資本利益率（ROE：Return on Equity）などがある。以下、売上高利益率について見ていこう。

この指標は、利益の種類に応じて以下のように計算される。

- 売上高総利益率＝売上総利益÷売上高
- 売上高営業利益率＝営業利益÷売上高
- 売上高経常利益率＝経常利益÷売上高
- 売上高当期純利益率＝当期純利益÷売上高

利益は収益から費用をマイナスすることで算出される。売上高総利益率が前期や同業他社に比較して低い場合には例えば、商品の価格や販売量の低下、製造原価の上昇などを確認する必要がある。売上高営業利益率に難ありの場合には、販売に関する費用の上昇や従業員数の増加などを確認する必要がある（利益は収益から費用をマイナスすることで算出されている。そのため、先の売上高総利益率が低下していないにもかかわらず、売上高営業利益率が低下しているならば、マイナスされた費用である販売費及び一般管理費に原因があることとなる)。売上高経常利益率は、「カネ」の工面の活動である財務活動なども含めた通常の会社の活動に関わる利益率である。この数値に難ありの場合には、営業外収益と営業外費用のチェックが必要になる。売上高当期純利益率は会社全体の収益力を示す値である。特別利益や特別損失が含まれた数値であるので、例えば、土地の売却の利益などで当期純利益が一時的に膨らむ場合などに注意が必要である。

4 株式の公開

「カネ」の工面の問題に戻ろう。キチンと「儲け」を出し、キチンと「儲け」などを記録する。これを継続して成長を果たす。こうなって、一定の条件を満たせば、証券取引所に株式を上場し、株式新規公開（IPO：Initial Public Offering）が可能となる。一定の条件とは例えば、株式の発行数や株主の数、利益の状態、経営管理体制などである。これらを満たせば、証券取引所で株式の売買が認められる上場会社となれる。

上場会社となれば証券取引所を介して、広く一般から「カネ」を集めることができる。こうした直接的なメリットにくわえて、上場（また、それを維持するための）の条件を満たしていることが会社の社会的信用のアップにつながる。上場すれば、会社名がマスコミを通じて報道されることも増えて知名度のアップにもつながる。信用、知名度のアップは、従業員のモティベーションのアップ、取引先の開拓や人材採用といった会社の重要な活動にプラスに作用する。

「カネ」の出し手が安心して株式を購入できるのは、キチンと一定の条件が満たされているからである。もちろん上場の時点でのみ条件が満たされるだけでなく、会社のマネジメントに関わる情報を適宜、開示することが求められる。「儲け」などに関わる情報も、よりキチンと報告することが求められ、会計士による厳格なチェック（監査）を受けることも求められる。「カネ」の工面の自由の度合いが高まると同時に、「カネ」に関わる記録の厳密さの度合いも高まるのである。これらが適切に行われなかった場合には、上場廃止に追い込まれたり、不正な記録（粉飾決算）の程度によっては犯罪行為として罰せられたりもするのである。

5 おわりに

企業経営の現場の言葉でいえば「資金繰り」は会社マネジメントの要である。前の第6章で、その問題を取り上げた。この章では、工面した「カネ」で会社の活動を行い、その成果をいかに記録するのか、の問題を取り上げた。キチンと記録することが、つぎの「カネ」の工面につながる。それがつづけば、より多くの人々から「カネ」を工面することができるようになる。しかし同時に、よりキチンと記録することが求められる。「カネ」の問題はやはり、会社マネジメントの要なのである。

《参考文献》

上林憲雄他『経験から学ぶ経営学入門（第2版）』有斐閣ブックス、2018年。
松崎和久『会社学の基礎知識』税務経理協会、2019年。

《次に読んで欲しい本》

榊原茂樹・岡田克彦編著『1からのファイナンス』碩学舎、2012年。
谷武幸・桜井久勝・北川教央編集『1からの会計（第2版）』碩学舎、2021年。

相場英雄『不発弾』新潮文庫、2018年。
江上剛『病巣—巨大電機産業が消滅する日』朝日文庫、2020年。

？考えてみよう

【予習用】

1．関心のある会社の有価証券報告書を入手して下さい。各社のウェブサイトや「EDINET」（https://disclosure.edinet-fsa.go.jp/）から入手可能です。過去数年間の売上高の推移を確認するとともに、その理由を考えてみよう。

【復習用】

1．財務諸表を用いて関心のある会社の安全性、成長性、生産性を分析してみましょう（「コラム7-2」には収益性の分析に関する説明があります）。安全性に関しては例えば、流動比率の分析があります。「流動比率＝流動資産÷流動負債」で計算されます。短期的に「カネ」

に変換できる流動資産と短期的に返済しないといけない流動負債の割合です。安全性に関する他の指標、くわえて成長性、生産性に関する指標にはなにがあるのか、調べてみよう。

2．外食産業を対象として、「1.」の収益性などの比較を通じてどの会社の経営成績が良好であるのかを調べて下さい。

第8章

「会社」を動かし始める、続けるのに必要な「ヒト」の工面

1 はじめに

会社設立時、経営者はまず一人で仕事を始めることが多いが、顧客が増えていくにつれて一人では仕事を処理しきれなくなる。その際に一番手っ取り早いのは、家族や友人に手伝ってもらうことであるが、いつでも頼れるわけではないし、もっと客が増え、仕事が増えれば、いずれ人手不足になり、家族や友人以外の誰か他の人に手伝ってもらわなければならなくなる。その場合、一般的には、雇用契約を結び、賃金を支払うことを条件に仕事をしてもらうことになる。ただし、単に仕事をしてくれるのであれば誰でも良いというわけではなく、仕事上の成果を上げられる能力とやる気を持つ人が多くいることが会社にとっては望ましい。この章では会社が人材をどのように調達していくのかという問題を取り上げていく。

2 事例：akippa（5）：「自分たちより優秀な人探し」を通じての成長

2-1　たった1人からのスタート

akippaの成長を支えたのは、他社の多くがそうであるように、「ヒト」である。ただし最初から、成長を支えることができるような人材を数多、簡単に集めることが出来たわけではない。2009年2月に現在のakippa株式会社につながる会社が

立ち上がったのは、金谷が当時住んでいたワンルーム・マンションであった。元手は会社員時代の貯金の５万円であり「モノ・カネ」が「無い無い尽くし」、そして「ヒト」も金谷１人であった。

当時は、携帯電話などの営業代行のビジネスを展開しており、売り込み先に電話で予約（テレアポ：テレフォン・アポイントメント）を取り、テレアポが取れた先に営業に向かう。これを金谷１人でこなしていた。しかし、テレアポに時間が割かれるなど、効率が悪い。そこでアルバイトとして採用したのが、飲み会で知り合った「仕事探し中のギャル」であった。また第１号の従業員となったのは、中学・高校時代のサッカーチームの仲間であった。

2-2　狭い範囲から：人脈を活かして

その後も金谷のサッカー人脈は活きる。高校のサッカー部の後輩である松井建吾が起業の勉強のために2010年４月、先に起業した金谷のもとに馳せ参じる。2012年から現在まで取締役の立場で、金谷の併走者となる。入社以前も営業の分野で活躍をしてきた松井の加入は「彼が加わったことで、ギャラクシーエージェンシー（当時の社名）の経営にも大きな変化がもたらされた。営業のマネジメントスキルを持つ彼に、売り上げ数字を立てることを任せることで、僕自身はさらに会社を大きくしていくための戦略作りや、新しいビジネスを考案することに時間を投じることができるようになったのだ。それまで僕は、営業部長兼、管理部長兼、企画・制作担当のすべてをやっていたが、松井が入ることにより、営業業務をかなり手放せるようになった」と金谷自身が語るように、金谷との役割分担が進む。後に金谷に対して、会社の存在意義、何のために仕事をしているのか、と問うたのも松井である。

「“なくてはならぬ”をつくる」のミッションは、松井の存在なくしては生まれなかったのかもしれない。松井はさらに、元同僚や友人で営業の経験を持つ人材もつれてくる。akippaの立ち上げ当初は、人のつながりからの採用が成長を後押ししていたことがうかがえる。

2-3　広い範囲から：「自分たちより優秀な人探し」プロジェクト

しかし、人づてだけの採用には限界がある。会社設立の２年後の2011年４月には、ハローワーク（公共職業安定所の愛称。同所は職業紹介・指導、失業給付などを無料で手がける国の行政機関である）を介して広く新規卒業者を募集し、６人が入社する。彼らのなかには東京オフィスの立ち上げを担った人物もいるなど、現在のakippaの土台をつくる活躍をする。

しかしながら、営業代行、そして求人広告の事業、さらにakippaというITを駆使した事業へと主力事業が移り変わるなか、金谷いわく「エンジニアをはじめとした人材不足には相変わらず頭を抱えていた。エンジニアだけでなく、akippaをさらに拡大していくために必要なマーケティングや事業企画に精通する人も、役員はじめ社内には一人もいなかった」状況にあった。第４章のakippaの事例にあるように例えば、空き駐車場の予約・決済のシステムを手がけたエンジニアは社内の人材ではなく、コワーキングスペースで出会ったフリーランスの人材であった。

では、どうしたのか。人づてではなく、より広く中途採用者、転職者の採用に注力したのである。大阪に本社を置き、大阪、関西での成長を目指すakippaのもとには、akippaの事業に魅力を抱くとともに、大阪、関西で働きたいとする東京からのＵターン転職組が2015年から2016年にかけて数十名入社するにいたる。そのなかには、金谷たちが仰ぎ見ていた会社、例えばGoogleの日本法人にてネット広告の営業の経験を持つ転職者もあった。この転職者はその専門知識を駆使して、駐車場を探している人がakippaのサービスをより利用してくれるよう、仕組みづくりを成し遂げる。

Googleから大阪のまだ小さなベンチャー企業への転職者の存在と活躍はIT業界の話題となり、上の数十名の転職者のきっかけともなった。「彼らが皆非常に優秀

第8章

写真8-1　会員100万人突破

（提供）akippa株式会社

で、それまでakippa社内の人間が持っていないスキルや知識を持っていたことから、マーケティングだけでなく、カスタマーサポートや管理部などの各部署の責任者を務めるようになっていった」と金谷が語るように、akippaの成長を支えることとなる。Googleからの転職者は入社３カ月でインターネットを通じた予約件数を10倍に急増させ、また、執行役員にもなりサービス開発や事業戦略も担当することとなる。

こうした中途での採用に際して、金谷らは「自分たちより優秀な人探し」との方針を持っていた。金谷自身や創業時からのメンバーを含め、社内のメンバーが新しい知識やスキルを獲得することは重要である。しかしながら、非常に時間がかかる。akippaを含め成長を志向するベンチャー企業の場合、必要な知識やスキルをすでに身につけている人材を新たに採用し、社内のメンバーとの協働が欠かせない。松井によれば「『自分たちができないこと』を全て書き出しました。まあ、営業以外全部なんですけどね（笑）。それで人材紹介会社さんと接触して、これら『できないこと』を担当してくれる優秀な人を探してほしい、とお願いしました。少しでも興味を持ってくれる人が現れたら、『お願いします！』とお願いするつもりで」「営業以外、何もできないんです。でも、このakippaというサービスは、１兆円、いや10兆円規模まで成長できる可能性があるんです。だから助けてほしい」(https://www.find-job.net/connect/akippa/）と夢を語りつつ、求める知識やスキルと

写真8-2　現在のOSAKA OFFICE（なんばパークスタワー14F）への移転時の記念写真

（提供）akippa株式会社

その水準（優秀な人）を明確にすることで、求める人材を労働市場から調達していったのである。

「自分たちより優秀な人探し」との方針で募られた人材は責任者、マネージャーの立場で各部署を引っ張っていく。これが金谷いわく「管理部もカスタマーサポートも、それまで現場でがんばってくれていた人間は、みんな未経験でその業務に当たっていた。他社のやり方も知らず、必死で勉強しながら仕事をこなしていたので、業務分野を熟知する上司が来ることは歓迎だったのだ」との好循環を生み出したのであった。

創業メンバー、新卒採用者、中途採用者、それぞれがうまくからみ合い、それがakippaの成長の原動力となっているのである。

3 人をどのように探し、選んで採用するのか？

3-1 採用とはどのような活動なのか

会社は、行われるべき仕事の量に対して従業員数が不足しているときや、ビジネスを進めるにあたって必要な知識や技能が不足している場合に、外部から新たに人を調達するために採用を行う。

起業した段階では求人を行っても知名度が低く、人がなかなか集まらないことが多いが、その場合に最も有効なのは知り合いなどのツテをたどることである。全く知らない人を募集するよりもその人の実力などが確実に分かるという点がこの方法のメリットであり、ビジネスが成長してからにおいても十分に通用するやり方である。近年では必要な人を素早く見極めて採用するために実施する会社が日本でも増えている。

次の段階においては、ビジネスの拡大に伴って必要な知識や技能が不足している場合には、労働市場から中途採用というかたちで即戦力となる人材を調達する。その際にはハローワーク（公共職業安定所）や人材紹介会社を利用することになる。

さらに会社が成長してくると、将来を見据えた長期的なビジネスの展開を考慮することも可能になってくるが、その際に必要となる人材を育成することも考えなければならないので、新卒採用を制度化するようになってくる。新卒採用者は採用時点で仕事をする能力を身につけていることを期待することは難しいが、その後の育成が成功すれば将来的に重要な存在となりうる。このように、会社が成長するのに伴い、採用方法の選択肢が増えて、その特徴も変化していくことになる。

採用の際に選ばれるのは、仕事をするために必要な能力や技能を持つ人材であると考えられるが、それだけで採用を決めればよいというわけではない。いくら仕事をする能力があってもすぐに転職してしまうようでは、その従業員が能力を発揮して生み出すはずの成果を会社が受け取ることができなくなるため、採用のためにかけたカネや時間も無駄になってしまう。そこで、従業員が満足を感じてできるだけ長く会社に留まるようにすることが必要である。そのためには、採用段階で会社の魅力を伝えつつも、入社前の期待と入社後の現実とのギャップを大きくしない工夫が必要になる。

しかし、仕事をする能力も会社にとどまろうとする気持ちも持っている従業員を集めることができたとしても、会社がうまく動きつづけるとは限らない場合もある。例えば、長い間同じ仕事を継続していくと、同じような考え方の人が集まることによって緊張感のない状態が生じたり、新しいアイデアが生まれなかったりといった問題に結びつくことがある。そこで、会社は組織を活性化させるために、組織の外からこれまで組織になかった考え方や雰囲気を持つ人を意図的に採用する場合もある。つまり、採用は人手不足を補うという理由だけではなく、組織の活性化という理由でも行われるのである。

3-2　採用活動のステップ

会社が特定の仕事について人材を採用する必要性が生じた場合に、まず募集をどのように行うかを決めなければならない。その対応には、大きく分けて２種類ある。１つは、その仕事について求められる技能や知識を可能な限り詳細に明示して募集する方法である。日本では主に中途採用においてこの方法が使われている。この場合には、高い専門性が要求されることが多く、その仕事を担当した経験があるかどうか、また担当する能力があることを示す資格を持っているかどうかで採用を決めていくことになる。会社の中の他の仕事をしてもらうことは難しいため、その仕事自体が会社内で不要になった場合には解雇されることもありうる。

もう１つは、その仕事について求められる技能や知識を詳細に明示せず、入社後にどのような仕事を任せるか決定することを前提として募集する方法である。日本では主に新卒採用でこの方法が使われている。この場合には、後で育成することを前提として、ある程度一般的な能力がありそうな人を採用することになる。特定の専門性に限定せずに育成するので、会社の中の他の仕事をしてもらうこともある程度可能になることから、担当していた仕事が会社内で不要になっても解雇せずに雇用を維持するという対応が可能になる。

現実にはどちらか一方を選択するのではなく、2つの方法を組み合わせることが多いが、どちらに重点を置くかはその企業が置かれた状況によって異なる。日本における特徴については後に述べる。

募集によって求職者が集まれば、次に選抜を行わなければならない。この段階ではどの求職者が従業員として相応しいのかを評価することになる。評価の手段としては、一般的に使われる履歴書、適性検査、面接の他に、実際に仕事のサンプルを用意し遂行させて結果を見るというワークサンプルや、特定の状況を設定してその中でどのように行動するのかを評価するアセスメントセンターなどがある。

しかし、どのような手段を用いても本当に採用した人が会社の期待したとおりに仕事の成果を出すかどうかに関する情報が限られてしまう中で、誰を選ぶかを決めなければならないことに選抜の難しさがある。例えば、面接の場合、多くの人数に対して行うことが可能であるが、求職者は採用してもらいたいために自分を良く見せようとして、日頃とは異なる姿を見せることもありうる。ワークサンプルを行うことは仕事に対する適性を直接観察できる点で有効であるが、手間がかかりすぎて数多くの人を対象に実施することは難しいかもしれない。具体的にどのような人材が必要であり、限られた時間の中でどのような手段を用いるのが最も有効でありそうかを選抜の際には考えておく必要がある。

そして、採用活動における最後の段階が定着である。求職者が内定を受け入れ、雇用契約を結ぶまでは他の企業に行ってしまう可能性があるし、入社したとしても短期間で離職してしまう場合もありうる。このような問題を防ぐためには、募集の段階で入社後にどのような仕事を任されうるのか、その際にどのような能力が必要であるのかを可能な限り明示することが必要である。より多くの求職者を募集段階で集めたいがためにこれらのことを明示しないことは、結果的に定着の失敗に結びつく可能性があることに会社は注意しなければならない。

■ コラム8-1

採用の際に必要な手続き

会社を設立した後に従業員を雇うためには、法律の適用を受けるための手続き、保険加入の手続き、労働条件の明示など、実にさまざまな手続きが必要となる。

まず、最初に行わなければならないのは、会社を設立して従業員を雇ったので労働基準法の適用を受ける事業場となるという報告と、労働者を雇っているので労働保険に加入するための届を提出することである。

労働保険とは、労働者災害補償保険（労災保険）と雇用保険の総称である。労災保険は、従業員が仕事中または通勤途上で災害に遭った場合に補償を受けられる仕組みである。正規、非正規に関係なくその事業で働く従業員全員が加入し、保険料は全額会社が負担する。

雇用保険は、労働者が失業してしまった場合でも生活できるように、また早く再就職出来るように、そのために必要な能力を伸ばすように支援を受けられる仕組みである。加入するのは従業員全員ではなく、一定以上の時間働くことが見込まれる従業員である。保険料は会社と従業員の双方が負担し、従業員の負担する保険料は給与から天引きされる（あらかじめ引かれる）。

次に行わなければならないのは社会保険の加入である。社会保険とは、厚生年金、健康保険、介護保険の総称である。厚生年金は、従業員が年を取って働けなくなったり、障害を負ったりして働けなくなった場合の生活を保障するためのしくみである。健康保険は、仕事中または通勤途上以外で生じた病気、負傷、死亡に対して補償を受けられるしくみである。介護保険は、将来の介護についての保障を行う仕組みである。

社会保険は、社長１人の会社であっても加入が義務付けられている。この点は労働者のいない会社が加入できない労働保険と異なる。加入するのは、社長や正社員に加えて、ある程度労働時間の長いパートタイマーも対象となる。会社と従業員が半分ずつ保険料を負担し、従業員の負担する保険料は給与から天引きされる。なお、介護保険料は40～64歳の間だけ負担することになる。社会保険の手続きについては、従業員を採用した際に家族の分も含めてさまざまな届を年金事務所（日本年金機構）に提出しなければならない。

また、従業員を採用する際には、賃金や就業時間などの労働条件を就業規則などで明示し、周知しなければならない。特に、常時働く労働者を10人以上雇用している事業場（会社全体ではなく営業所や工場などの単位）は、就業規則を作成し労働基準監督署に届け出る義務があり、これを怠った場合には罰金が科せられる。

3-3 日本における採用活動の特徴

企業の「ヒト」にまつわる制度は、その企業が活動する法律や経済制度の影響を受ける。そのため、日本企業は諸外国の企業と異なる特徴を持つ（一例として米国企業との比較を表8-1で示す）。

日本では新卒採用が重視されている。募集する際には、専門能力（即戦力）を重視するのではなく組織の価値観への適応を重視し、業務内容の大まかな違い（技術職や事務職）や経営職まで昇進できるかどうか（総合職や一般職）の違いなど要件をかなり大まかにしか設定していない場合が多い。採用時点では入社後どの仕事に従事するのかが決まっていないことが多く、入社後に別の種類の仕事への異動が行われることも多い。

このような雇用のあり方はメンバーシップ型雇用と呼ばれる（一方、入社時にどの仕事に従事するかを決めておく雇用のあり方はジョブ型雇用と呼ばれ、主として欧米企業に多く見られる）。このような方法が採られている理由は、法律上、正規従業員に対して解雇を行うことが困難であることと、よほどのことがない限り同じ企業で定年まで働く終身雇用慣行が広がってきたことにある。

日本の新卒採用においては、募集段階では入社後の仕事内容をあらかじめ明示しないため、求職者は職種ではなく会社を選ぶことになる。そこで、会社はいかにし

表8-1　採用管理の日米比較

	日本（メンバーシップ型）	米国（ジョブ型）
雇用契約	職務に定めがない	職務記述書で定められている
重視する点	組織の価値観への適応	専門能力
中心となる対象	新規学卒採用	中途採用
採用時期	定期一括採用	通年採用

（出所）各種資料をもとに筆者作成

て自社のことを求職者に知ってもらうかが問題となる。自社の存在を知ってもらうことができなければそもそも求職者が応募してこないからである。そのために会社はホームページ、求人情報誌、学校の就職担当者、ハローワーク、就職情報サイト（リクナビやマイナビなどが代表的）などのさまざまな手段を利用している。会社にとっては同じコストをかけるのであれば、選抜段階で自社にとって魅力的な候補者が残っていることが望ましい。応募する人数が多くなるほどその可能性は高くなると考えられているので、求職者が容易にアクセスできて多くの企業に関する情報を一度に見ることができる就職情報サイトが現在主な募集手段となっている。

また、1年の中での決まった時期に採用が行われること（定期一括採用）も日本における採用活動の特徴である。日本でも特定の仕事において急に空席ができてしまった場合には中途採用で補うことになるが、新卒採用の場合は急いで空席を埋める必要はないことから、仕事量に大きな変化がなければ1年間で生じた定年退職の人数を補えばよいことになる。そこで、あらかじめ採用する人数をある程度決めておいて、スケジュールも決めておけば、採用活動をより効率的に行うことができる。一方、求職者にとっても、新卒一括採用は社会経験のない人材を育てるという意味も込めて雇うため、結果的に学校卒業後無職になるリスクが低くなり、学生から社会人への安定的な移行につながるというメリットもある。

しかし、他方で、任される仕事が入社前に決まってないことから、総合的な判断で選抜基準を作ることしかできないので、入社後に雇用のミスマッチ（求人と求職の間に起こるにニーズの不一致）が起こってしまう可能性がある。中途採用の場合、採用時の募集内容が明示されるのに対して、新卒採用だと自分の希望する配属先に配属されないことがあり、任された仕事が自分に適していないことが後でわかることもある。また、新卒採用は景気変動の影響を大きく受ける。不況時には採用を行わない会社が出てくるため、不況の年に就職活動をしなければならない求職者にとっては、そうではない年に就職活動をする人に比べて不利な状況になってしまうという問題がある。

以上に述べてきた問題点を解決しようとする動きもある。例えば、就職情報サイトに依存せず、独自の方法や基準を試行錯誤する企業が増えつつある。また、企業が自社に関する情報を就職情報サイトに掲載して学生が応募してくるのを待つのではなく、学生が自分自身に関する情報を掲載し、それに関心を持った会社が学生に対してアクセスしていく仕組み（スカウト型求人あるいは逆求人サイトと呼ばれている）が登場し、従来の就職情報サイトに加えて採用手段として活用する企業が増えつつある。

雇用関係のあり方（雇用形態）にはどのようなものがあるか？

4-1 雇用形態の種類

日本において、新卒採用は正規従業員として働くことを前提として行われているが、従業員全員が正規であるという会社はきわめて少なく、実際にはアルバイトなどさまざまな種類の非正規従業員を組み合わせて人材を調達している。

正規従業員とは、無期雇用（期間の定めのない契約）・フルタイム勤務・直接雇用の労働者を指す。つまり、正規従業員はその会社で長期間働くことが前提となっており、その会社が１日の労働時間として指定している時間いっぱい働き、雇用契約を結んでいる会社の指揮命令を受けて働いている。日本では、会社の都合で正規従業員を解雇することが困難であることから、正規従業員の人件費（賃金や社会保険料など）を状況に応じて短期間で柔軟に変化させることは難しい。そこで、それを可能にするタイプの従業員、すなわち非正規従業員が必要となる。

非正規従業員は、有期雇用・短時間勤務・間接雇用（使用者と労働者の間に直接の雇用関係がなく、第三者が指揮命令を行う雇用形態）が１つでも当てはまる労働者を指す。

有期雇用とは、雇用契約の期間をあらかじめ決めておく雇用である。雇用期間を定める場合は、いくつかの特例を除いて、３年以内と法律で決められている。また、契約の更新を繰り返し、契約期間が通算で５年を超えると、従業員本人が希望すれば、無期雇用に転換できる。有期雇用の場合、途中で契約を打ち切ることは企業か

表8-2　正社員と非正社員の比較

雇用形態	雇用の期間	労働時間	契約相手との関係
正規従業員	無期雇用	フルタイム勤務	直接雇用
パートタイマー	有期雇用	短時間勤務	直接雇用
契約社員	有期雇用	フルタイム勤務	直接雇用
派遣	有期雇用	フルタイム勤務	間接雇用

（出所）各種資料をもとに筆者作成

らも従業員からも簡単にはできないようになっており、契約満了の後新たに契約を結ばない（雇い止め）というかたちで。契約を終了することになる。

非正規従業員にはいくつかのタイプがあり、それを整理したものを**表8-2**に示す。まず、パートタイマー（アルバイトは呼び方が異なるものの法律上の位置づけはパートタイマーと同じ）は、直接雇用であり、有期雇用を基本とするが、短時間勤務の雇用形態である。パートタイマーは操業時間の一部を担当する前提で雇われる従業員のことであり、非正規従業員の中で最も多い割合を占めているタイプである。高度な専門能力が問われることは少なく、むしろ短時間で働きたいという従業員のニーズに応えている。また、1日における仕事の繁閑の差が大きい（特定の時間帯だけ特に仕事が多い）仕事において活用されている。

契約社員とは、直接雇用であり、フルタイムで勤務するが、有期雇用である。比較的専門性の高い人が多く、正規従業員との違いは雇用期間の定めの有無のみなので、仕事をしている様子を見ただけでは、ほぼ区別がつかない場合が多い。限られた期間において高い専門性が求められる仕事において活用されていることが多い。

派遣とは、有期雇用かつフルタイムで勤務するという点は契約社員と同じであるが、間接雇用である点が異なる。間接雇用とは、雇用関係と指揮命令関係にある主体が別々になっている（実際に働きに行く会社と賃金を受け取る会社が異なる）という特徴をもつ雇用方式である。

派遣を行う際のプロセスは以下の通りである。

派遣先（派遣労働者が実際に働く会社）がある特定の仕事をする労働者を派遣してほしいという依頼を派遣会社に対して行い、合意すれば派遣契約が結ばれる。派遣会社はその仕事を行う派遣労働者を募集し、労働者からの応募があり合意に達すればその労働者を派遣先の会社に派遣し、実際に働いてもらい、労働者は派遣会社から賃金を受け取る。

なお、派遣においては、派遣期間は最長3年と決められていること、法律で禁止されている業務（医療の一部と、港湾運送、建設、警備）があること、対象となる労働者を派遣先企業が面接などで選ぶことはできないことに注意することが必要である。

また、雇用契約ではなく仕事そのものを完遂させる契約を結ぶ場合がある。これを業務請負という。業務請負の場合、依頼主は仕事をする人に対して直接指示をしてはいけないことになっており、労働者に対して仕事の内容や方法を指示することのできる派遣労働者とはこの点が異なる（業務請負については**コラム8-2**「雇われない働き方」を参照のこと)。

4-2 どのように雇用形態を組み合わせるのか？

会社はさまざまな雇用形態を状況に応じて組み合わせることによって人材を調達しているが、その組み合わせはいったいどのような要因によって決まっているのだろうか。それについてはさまざまな要因がありうる。例えば、経営上の意思決定を伴う仕事や、その会社独自に必要とされる能力を必要とする仕事、チームワークが必要とされる仕事については、長期雇用を前提とする正社員に担当させることが望ましいであろう。必要とされる期間が短いが高度な専門能力を必要とする仕事や、マニュアル化可能な仕事、チームワークがあまり必要とされない仕事については契約社員やパートタイマー、派遣などの非正社員に担当させることで対応可能である。また、専門性の高いひとまとまりの仕事が発生する場合には、業務請負に任せることになるだろう。

■コラム8-2

雇われない働き方

「フリーランス」や「ギグワーカー」といった言葉を聞いたことがあるだろうか。これらは会社に雇われない（会社と雇用契約を結ばない）働き方を指し、個人事業主として会社と契約して仕事を請け負うというものである。フリーランスは専門的な技能を持つ人、ギグワーカーは高度なスキルを必要としない単発の仕事をする人を意味することが多い。

これらの働き方は、あくまで仕事をする時間を単位として命令された仕事をするのではなく、契約した内容の通りに仕事を完遂すること（例えば、依頼された内容のロゴをデザインする、依頼された物を指定された先に配達するなど）を基本としているため、働く人は法律上「労働者」とは見なされない。そのため、仕事をするために必要な道具などは自費で揃えなければならず、また社会保険料は自分ですべて負担しなければならない。事故に遭った場合、労災保険が適用されないため、治療費も補償してもらえず、基本的には自己負担することになる。また、失業保険も適用されず、税金の計算や申告も自分ですべて行わなければならない。しかし、働く時間や請け負う仕事の量は自分の都合に合わせて自由に決めることができる。多くの仕事を請け負うことができれば、会社に雇用される以上に稼ぐことも可能になる場合がある。

ただし、雇われない働き方は契約に基づくものであり、あくまで当事者間の対等な関係が前提とされているが、実際には依頼者の指示に従わざるを得ない状況で仕事を請け負っているケースが少なくないと言われている。会社が人件費の負担を軽減するために雇用ではなく個人事業主化を進めているのではないかという批判もあり、雇われない働き方に対する最低限の保障をいかに行うかという観点からの法整備が課題となっている。

5 おわりに

この章では、会社にとってビジネスを進めていく上で必要不可欠な人材の調達、中でも採用と雇用形態の側面について見てきた。会社はそのときどきに必要とされる仕事に応じて人材を調達する必要があるが、その際には今ここで必要とされる能力を持つ人材を選ぶ方法と、今後必要とされそうな能力を持っている人材を将来にわたって育てていくことを前提として採用する方法を組み合わせて、そのときの状況において選択していくことになる。その際に経営者は、採用する人材に求めることや雇用形態の特徴について考えなければならない。

《参考文献》

今野浩一郎・佐藤博樹『人事管理入門（第３版）』日本経済新聞出版社、2020年。

服部泰宏『採用学』新潮社、2016年。

《次に読んで欲しい本》

中村天江『採用のストラテジー』慶應義塾大学出版会、2020年。

平野光俊・江夏幾多郎『人事管理―人と企業、ともに活きるために』有斐閣、2018年。

ボック、L.（鬼澤忍・矢羽野薫訳）『ワーク・ルールズ！―君の生き方とリーダーシップを変える』東洋経済新報社、2015年。

?考えてみよう

【予習用】

1. 日本の大企業では具体的にどのような採用活動が行われているのかを調べてみよう。

【復習用】

1. あなたが将来職を得ようとするときまでに、どのような準備をしておけば良いのか、考えてみよう。
2. 本章で取り上げたさまざまな雇用形態が企業と働く人のそれぞれにとってどのようなメリットとデメリットがあるのかを考えてみよう。

第9章

「会社」を動かし始める、続けるのに必要な「ヒト」の難しさ

1　はじめに

会社はヒトでできており、ヒトが動かしている。したがって会社を動かす、動かし続けることは、ヒトを動かすことでもあるといえる。他方でヒトを動かすのはとても難しい。企業においても、また学生のみなさんにとっては部活・サークル、各種団体、あるいはアルバイト先においても、ヒトを動かす苦労を感じている人たちもいるだろう。

この章ではそんな「ヒトを動かす」ことについて取り上げていく。具体的には仕事における「やる気」の問題（モティベーション）、ヒトを導いていく問題（リーダーシップ）についてみていく。この章で学ぶことで、ヒトを動かすことについて、少しでもヒントを得ていただけたらうれしい。

2　事例：ネットフリックス

2-1　ネットフリックス見てますか？

映画やドラマが好きな人もそうでない人も、インターネットのサービスを使って見ている人は多いのではないだろうか。そんなエンターテインメントコンテンツ配信サービスの世界最大手が、ご存じ「ネットフリックス（Netflix）」である。オン

写真9-1　NETFLIX

（出所）©Omar　Marques／SOPA　Images　via　ZUMA　Wire／共同通信イメージズ

ラインでのDVDレンタルサービスの企業として1997年に創業したネットフリックスは、2018年10月時点で契約者は全世界で１億3,700万人に達し、『ハウス・オブ・カード』や『オレンジ・イズ・ニュー・ブラック』といった人気コンテンツを制作、その勢いはまだまだ拡大中である。彼らがどのように世界的な企業に成長したかについては、『NETFLIX　コンテンツ帝国の野望：GAFAを超える最強IT企業』（ジーナ・キーティング著、牧野 洋訳、新潮社、2019年）を読んでみてほしい。

そんなネットフリックスは、ヒトのマネジメントについて独特な考え方をもっている。彼らは既存の人事管理のセオリーを否定し、従業員がやる気を持って仕事に取り組むようなマネジメントを行っている。その内容について、主にマッコード（2018）を参考に説明する。

2-2　自由と責任の規律を示した「カルチャーデック」

ネットフリックスは従業員にやる気をもって働いてもらうため、経営陣を中心に議論し制定した、「カルチャーデック」（従業員がとるべき行動について示した資料）というものがある。世界的に有名になったこの資料が示すものは、自由と責任の規律である。具体的な内容は、

- マネジャーは自分のチームだけでなく会社全体がとりくむべき仕事と課題を、チームメンバーにオープンにはっきりと継続的に伝える。

- 徹底的に正直になる。同僚や上司、経営陣に対して、時機を逃さず、できれば面と向かって、ありのままを話す。
- 事実に基づくしっかりした意見をもち、徹底的に議論し検証する。
- 自分の正しさを証明するためではなく、顧客と会社を第一に考えて行動する。
- 採用に関わるマネジャーは、チームが将来成功できるように、適正なスキルを備えたハイパフォーマーをすべてのポストに確実に配置する。

といったものである。

この「カルチャーデック」には、従業員のやる気を高める要素が多分に含まれている。第1にあげられるのは、徹底的な情報共有である。ネットフリックスは従業員を報酬等で動機づけるのではなく（しかし彼らの賃金水準は極めて高い）、困難な課題に挑戦するやりがいを提示する。そして会社全体がとりくむべき仕事と課題、情報をすべての従業員に継続的に伝えるのである。彼らが採用する優秀な人材は、喜んで挑戦的な課題に取り組むとしている。

第2点は「徹底的に正直に話す」である。従業員の誰もがネットフリックスのトップと直接話すことができるし、議論の場では自分の意見を伝えることができる。経営陣が言い合いをするのも日常茶飯事であり、あまりにも率直に話すことから、それになじめず退社する人もいるそうだが、彼らにとっては隠したり取り繕ったりするのは結局人のためにならないと考えている。それが表れているところの1つが定期的な面談である。人事評価を長いスパンで行って不足な点をあげるよりも、その都度正直に伝えることで、すぐにそれを改善することができる。従業員は常に成長を求めているのであり、それに応えるやり方をとっているのである。

第3に大きな自由裁量、自分で決める権限をもたせていることである。ネットフリックスでは有給休暇の規定や経費の規定は廃止され、顧客と会社のことを第一に考えるという条件下で、従業員は自分の判断で休暇がとれたり、会社の経費を使えたりする。しかし不正や問題が起こることはなく、むしろ従業員に信頼感と自律性を感じさせることにつながっている。他方で従業員を喜ばせるための福利厚生的な考え方には興味を示さない。彼らは従業員を喜ばせるのは従業員の特典ではなく、顧客の問題を解決したときであるとしている。このことはコンテンツ作りにも活かされており、ネットフリックスのオリジナル作品を制作する際には、監督に大きな裁量権が与えられる。制約なく自分の好きなように作品を作ることができることから、ネットフリックスはビッグネームの監督を引きつけているのである。

第４に、ネットフリックスは優れた成果をあげるハイパフォーマーを採用するために、採用システムを強化し、常に優れた人材を供給する体制を整えている。それは賃金などの処遇面に加え、独自の文化を理解させ、また維持する上でも重要な役割を果たしているが、もう１つ、「優れた人材と一緒に働ける」という評判を呼んでいる。ハイパフォーマーたちは優れた人材と協働し、また切磋琢磨して成長するために、ネットフリックスに入社するのである。そしてそのように採用した人材を、適した職務に配置するのも重視している。従業員が能力を発揮できないことがあれば、それはその人に合った職務ではないと判断する。適切な職務への配置換え、そしてもしその人に合った職務が他社にあるなら、他社への転職も勧める。この考え方は採用時にも適用され、候補者の力が発揮できるなら、他社を勧めることもある。

2-3　スポーツチームとしての競争原理

このようにネットフリックスでは、従業員に自由と責任の規律を明示し、優れた成果をあげるため挑戦する従業員のやる気を高めるマネジメントを行っている。しかし自由と責任の規律は、成果が上げられなかった従業員をすぐに解雇することと表裏一体となっている。

それは会社をスポーツチームに例えることからもきている。スポーツチームの最大の目的はチームのファンを喜ばせること、そしてその最も有効な手段はチームの勝利であるとし、勝利に貢献できなかった選手や監督はすぐに解雇される。ネットフリックスで働くことは、会社や顧客に貢献できなかったら解雇されることと隣り合わせである。

ネットフリックスでは採用の仕事は解雇と表裏一体であるとし、従業員の解雇も日常的なものとなっている。ネットフリックスではITバブルの崩壊時、大量の従業員を解雇することを余儀なくされたが、そこでハイパフォーマー、精鋭による組織ができあがった経験から、従業員の流動性を高めている。同社では人材の定着率はその会社のよさを示す指標にはならないと考えている。もちろん業界の高い転職率や再就職の容易さも背景にあるが、転職や再就職の支援も積極的に行っている。

そして従業員への報酬は会社にもたらす価値を基準に決める。社内の給与基準にこだわると他社への流出を招くことになる。トップレベルの報酬を支払い、その報酬の透明性も確保する。そのことで従業員の専門性と希少性に報いるのである。これもスポーツチームの考え方と同じである。

2-4　ネットフリックスで働きたい？

このようにネットフリックスは、自由と責任の規律を従業員に提示し、会社全体の問題の共有を行うことで挑戦へのやる気を引き出し、その人材がもたらす価値を基準に報酬を支払い、同時に大きな自由と裁量を与えることで、同社が求めるハイパフォーマーたちを引きつけている。しかしそれは会社の期待する成果が上げられなければすぐに解雇されることと表裏一体である。

ここまで読んだみなさんに考えてほしい。「あなたはネットフリックスで働きたいだろうか？」「どのくらい働き続けたいだろうか？」

「働きたい！」と思った人は、彼らの期待する価値を実現できるような、専門的なスキルを獲得すべく、成長してほしい。働きたくない……と思った人は、それでもかまわない。みなさんに合う会社、合う人材マネジメントは他の形なのだろう。人のやる気の高め方はさまざまであり、万能薬はない。それが感じられることはすばらしいことである。働きたいと強く思った人、思えなかった人。それぞれの理由から、次節からの理論を学んでほしい。それぞれの理由から、身になることはあるはずである。

3　やる気を理解して人を動かす（モティベーション）

3-1　モティベーションを学ぶ

モティベーション（motivation）とは「やる気」「動機づけ」という言葉と置き換えることが出来るが、人間の意図的な行動を触発、指向し、また継続させる上で働く心理的プロセスであるとされる。ひらたくいえば欲求を満足させようとする気持ちであり、仕事や行動をやろうとする気持ちとはどういうものかを考えることである。同じ仕事をする上でも、やる気が高い人と低い人がいるのはなぜだろうか。人のモティベーションについて学ぶことで、多くの人のやる気を高め、ヒトを動かすことにつながる。

3-2　モティベーション・プロセス

ヒトのモティベーションは、プロセスで考えるとよく理解できる。すなわちヒトの行動を、行動する理由である動因（人間の内部で行動を触発する刺激ないし原因となるもの：欲求ほとんど同じ意味）と、行動の目標となる誘因（行動の目標となる何らかの対象：ヒトを引きつける誘発性をもっている、インセンティブとも呼ばれる）の相互関係でとらえることである。

図9-1　モティベーション・プロセス

（出所）上田（1995）の58頁を参考に筆者作成

この動因 → 行動 → 誘因のプロセスで表現する意味は、動因と誘因がマッチしていてはじめて行動は起きるということである。たとえば「ごはんをたべる」という行動は、「おなかがすいた」という動因と、「ごはん」という誘因がそろってはじめて起きるのである。「踊りたい」という動因に「ごはん」、あるいは「おなかがすいた」ときに「辞書」という誘因があっても、「ごはんをたべる」という行動は起きない。

そんなの当たり前だという人は、「行動」のところに今みなさんが動機づけたい、モティベーションを高めたい行動を入れてみよう。「仕事をする」「部活の練習をする」「受験勉強をする」などである。みなさん自身のことでもいいし、組織やチームで活動している人は他者でもいい。そして「動因」「誘因」のところに各自で思いつくものをあてはめてみよう。そして「これって、自分（あるいは組織・チーム）の現状を表しているかな？」と考えてみてほしいのである。たとえば「仕事をする」という行動を考えてみたときに、動因に「お金を稼ぎたい」、誘因に「お給料」と入れた人がいるとしよう。プロセスで考えれば筋は通っている。しかしそこで立ち止まって考えたときに、「あれ？　自分が働くのって、お金を稼ぐためだけ？」という人もいるのではないだろうか。もしお金を稼ぐ以外の理由を思いついたときには、それを満たすためには誘因のところにお給料しか入っていないのでは不十分ということになるだろう。それでは何が誘因に必要なのか？　他に動因はないのか？　など考えるきっかけをつくることができる。これは他者を動かすときでも、働くこと以外でも同様である。このようにモティベーション・プロセスのモデルは、今のやる気を高めることがうまくいっているかどうかのチェックリストになるのである。

■コラム９-１

動機づけ―衛生理論

「満足」の反対は何か、と問われたら何と答えるだろうか？　おそらく「不満足」と答える人が多いだろう。しかしこの考え方に異議を唱えたのが、モティベーションの理論の中でも有名なものの１つ、「動機づけ―衛生理論」である。この研究をしたＦ．ハーズバーグは、職務満足・不満足を調査するため、会社の中で「すごく満足を感じたとき」と「すごく不満を感じたとき」を聞き取っていく調査方法（臨界事例法）で会社を調査し、この理論を生み出した。ハーズバーグはこの研究で、「満足の反対は不満足」というふうに、両者が一直線上にあるもので、満足が減れば不満足になり、不満足を解消すれば満足する、と考えられていたことを否定した。調査からわかったことは次のようなことである。満足につながる要因（これを動機づけ要因という）は、達成感、承認、仕事自体のおもしろさ、責任、昇進、成長など、多くは目に見えない内的報酬にかんするものであり、これらが得られると満足を覚えるが、得られないからといって大きく不満に思うものではない。それに対して不満足につながる要因（これを衛生要因という）は、会社の政策と経営、上司、上司との関係、作業条件、お給料など、主に職場環境に関わるものが多く、これらが満たされないと不満を感じるが、たとえ満たしても満足にはあまりつながらないというものであった。つまりハーズバーグは、満足の反対は「満足じゃない」、不満足の反対は「不満足じゃない」ということを明らかにしたのである。

ちょっとおかしな例かもしれないが、あるカップル（あるいは夫婦）がけんかをしていて、男性の側が「オレの何が不満なんだよ！」と怒ったとしよう。そこで女性の側が男性に感じる不満点（靴下を脱ぎっぱなしにするなど）を列挙し、男性がそれを改善したとしよう。女性は相手のことを「魅力的に感じる」と思うだろうか？　ひょっとしたら女性は不満な点はなくなるものの、男性の魅力が高まるとは思わないかもしれない。それよりも男性はある程度不満を解消しながら、プレゼントなど女性が喜ぶことをしてあげたほうがいいかもしれない。どんな相手にも不満点はあるものであるからである。

ハーズバーグの動機づけ―衛生理論は、「従業員の不満を解消すれば満足を得られる」ということは誤解であることを示唆している。あなたの職場、部活動などで、メンバーの動機づけ要因、衛生要因とはどのようなものであるだろうか？　ハーズバーグのやったように聞き取りをやってみてもいいかもしれない。

3-3　欲求五段階説

モティベーション・プロセスを学んだところで、動因と誘因それぞれを理解する理論をみていこう。まずは動因、欲求についての理論、欲求五段階説であるA．マズロー（1987）が提唱した考え方で、ふれたこともある人も多いだろう。その名の通り、人の欲求を５種類の段階に分けて説明するものである。

下から順にみていくと、まず生理的欲求は、空腹や眠いのはイヤであるといった、人間の生存や生命維持にかんする欲求である。安全欲求は危険な場所で暮らすのはイヤであるとか、安心できる場所で暮らしたいといった、危険回避や安全な生活にかんする欲求である。愛情欲求は仲間を作っていい関係を作りたい、他者から愛されたいといった、社会的関係構築にかんする欲求である。尊厳欲求は他者からバカにされるのはイヤ、高く評価されたい、尊敬されたいという、自己の尊厳や承認にかんする欲求である。そして自己実現欲求は、自分の夢を叶えたいという自己実現にかんする欲求である。５種類の欲求に分けて考えることで、自分の欲求（動因）は何かを明確にしやすくなる。

５種類のうち、自己実現欲求以外は回避欲求・欠乏欲求といわれ、基本的に満たされない状態を回避したいという強い欲求が生じるものの、満たされると欲求は消え去る（そしてまた現れる）という性質をもっている。それに対して自己実現欲求は追求欲求・成長欲求といわれ、満たされなくても大きな不満はないものの（夢がなくても人は生きていける）、完全に満たされることはない（満たされると次の夢

表９-１　欲求五段階説

欲　求	内　容	回避・追求
自己実現欲求	自己実現にかんする欲求	追求欲求
尊厳欲求	自己の尊厳にかんする欲求	回避欲求
愛情欲求	人々との関係構築や所属にかんする欲求	
安全欲求	安全な生活、雇用の安定にかんする欲求	
生理的欲求	生存、生命維持にかんする欲求	

（出所）伊丹・加護野（2003）の298-299頁を参考に筆者作成

が現れる）という性質をもっている。この性質の違いを理解することは重要である。たとえば部活の練習のやる気を高めるときに、部長が「全国優勝しよう！」と呼びかけても、部員全員が全国優勝したいと思っていない場合もあるかもしれない。そのようなときは他の欲求に訴えかけることでやる気を高められる場合もある（学校でのプレゼンスを高めよう、学校で最高のチームにしよう、など）。

3-4 インセンティブ・システム

この欲求五段階説に基本的にのっとり、それぞれの欲求（動因）に対して適切な誘因（インセンティブ）を与えることを意図して考えられたのが、伊丹・加護野（2003）における「インセンティブ・システム」である。

１つずつみていくと、まず物質的インセンティブは、給料や物資など物質的なものによって生理的欲求・安全欲求を満たそうとするものである。評価的インセンティブは、上司が部下を褒めたり叱ったりといった形、あるいは業績評価といった形で、組織が人の行動を評価することで、尊厳欲求・自己実現欲求を満たそうとするものである。人的インセンティブはともに働く人にかんするもので２種類のものが含まれる。１つはともに働く人の魅力である。「あの人といっしょに働きたい」といった気持ちにかんするものである。もう１つはグループへの所属であり、同僚や仲間との居心地のよさであり、それらによって愛情欲求を満たそうとするものである。理念的インセンティブは、経営理念や大学のスクール・モットーなど、思想や価値観によって尊厳欲求・自己実現欲求を満たそうとするものである。そして自己実現的インセンティブは、人が自己実現をするための状況づくりをすることで、自己実現欲求を満たそうとするものである。

インセンティブ・システムはこれら５種類のインセンティブを使いこなすことを

表9-2 インセンティブ・システムにおけるインセンティブの種類

インセンティブ	内　容	どの欲求に対応するか
物質的インセンティブ	金銭的報酬など物質的なもの	生理的欲求・安全欲求
評価的インセンティブ	組織が人の行動を評価する	尊厳欲求・自己実現欲求
人的インセンティブ	ともに働く人の魅力とグループへの所属	愛情欲求
理念的インセンティブ	思想や価値観を達成意欲の源泉に	尊厳欲求・自己実現欲求
自己実現的インセンティブ	自己実現のための状況づくり	自己実現欲求

（出所）伊丹・加護野（2003）の301-305頁を参考に筆者作成

第９章

提唱している。それが「インセンティブの経済」である。インセンティブを経済的に使わなければならない理由は２つある。１つめは、インセンティブを与えるにはお金がかかる場合が多いということである。したがって経済的にインセンティブを使うためには、物質的インセンティブに頼りすぎないことが大事である。たとえば初めてお給料をもらったときにはすごく嬉しくても、それが当たり前になっていくとそれほど嬉しくないように、物質的インセンティブが人を動機づけるには限界がある。また会社であれば給料を払うことができるが、部活動などではがんばった選手にお金を払うこともできない。その意味で有効なのは理念的インセンティブと評価的インセンティブである。理念的インセンティブは一度用意すれば継続的に人を動機づけることができるし、評価も誰かを現場でほめたところでお金が減るわけではない。魅力的な経営理念をつくったり、現場で相互にほめあう活動を行ったりするのは、この点が背景にある。

もう１つはインセンティブによっては、ある人にそれを与えれば自然にそれが他の人に与えることを排除するものがあることである。たとえば組織の中の魅力的な人と一緒に働かせることで動機づける人的インセンティブを使うときも、誰も彼も魅力的な人と働かせるわけにはいかない。また特定の地位も誰かをつければ自然に他の人はその地位につけられない。この点からインセンティブを経済的に用いるためには、異なるインセンティブを分散させて使う、すなわち誰かにあるインセンティブを与えたら、他の人には別のインセンティブを与えたりすることが考えられる。もう１つは「非減算的インセンティブの活用」である。非減算的インセンティブは、誰かに与えても他の人に与えるインセンティブが減らないという性質をもつ。物質的インセンティブは誰かにたくさん与えたら会社の資金が減ってしまい、他の人に与えられなくなるという点で減算的インセンティブである。しかし評価的インセンティブは誰かをほめても他の人がほめられないわけではないし、多様な評価軸を用意すれば、いろいろな人をたくさんほめることができるという点で非減算的インセンティブである。このような性質をもつインセンティブを用いることが重要である。

リーダーになって人を動かす（リーダーシップ）

4-1 リーダーシップとは

ヒトを動かすために有効なのはもう１つ、リーダーシップを用いてヒトを導いていくことである。うまくリーダーシップを発揮すればヒトを動かすことができる。ここからはリーダーシップについて考えていこう。

リーダーシップの定義はたくさんあるが、ここでは「あるメンバーが集団内の他のメンバーの行動に影響を与えることによって、集団の目標達成を促すこと」であるとする。この定義をもとにリーダーシップについて理解しよう。まず「あるメンバーが集団内の他のメンバー」というところである。内容からすると「あるメンバー」は「リーダー」と、「他のメンバー」は「フォロワー（リーダーについていく人）」と言い換えてもいいかもしれないが、そうではない。この部分からは、リーダーシップはリーダー、もっといえばポジションとしてのリーダーだけが発揮するものではないということである。管理職やキャプテンなど、ポジションとしてのリーダーの持ち物にしてしまうと、他の人はみんな、リーダーに従うだけになってしまう。

次に「行動に影響を与えることによって」の部分である。リーダーシップを発揮することで、メンバーの行動に影響を与えること、それがリーダーシップの手段であり、先ほどの議論に戻れば、これができれば誰でもリーダーシップを発揮できるということになる。元来リーダーシップの議論には、リーダーに必要な資質、能力、人格にかかわる議論「資質論」と、リーダーが示すべき行動についての議論「行動論」の２つの観点がある。両方の議論ともに意義はあるが、資質に問題を絞りすぎてしまうと、いかにしてそのような資質を持つ人々を探し出すかという問題になってしまう。行動論は、リーダーの行動を明らかにすることで、リーダーを教育することも可能になる。その意味で行動論は有効である。みなさんの中にも「わたしはリーダーの器ではない」と考えている人がひょっとしたらいるかもしれないが、それは資質論の考えである。

そして「集団の目標達成を促す」の部分である。リーダーシップは何のために発揮するのかといえば、この「集団の目標達成を促すため」であるといえる。メンバーに影響を与えることそれ自体であったり、集団を支配したりといった、誤った目的設定はリーダーシップを誤らせる。その目的設定があっていれば、いろいろな人がリーダーシップを発揮してもいい。リーダーシップは集団のメンバーによって分散的に用いられるという側面もあるといえる。

■コラム9-2

サーバント・リーダーシップ

なんとなくリーダーシップというと、「先頭に立って引っ張る」というイメージを持っている人もいるかもしれない。それももちろんリーダーシップであるが、それとは異なるリーダーシップの考え方もある。それがアメリカのリーダーシップ論の研究R. K. グリーンリーフによる「サーバント・リーダーシップ」である。

サーバント・リーダーシップは、リーダーである人は、まず相手に奉仕し、その後相手を導くものであるという実践哲学である。グリーンリーフは「サーバントとリーダーの2つの役割は、実在する同じ人物の中で融合しあえるのか？」という問いを考え続け、奉仕することと、導くことのバランスをとるこの理論を提示した。ここでいうサーバント（servant）は「奉仕する人」「尽くす人」であり、「召使い」「従者」ではない。ここを正しく理解することが、サーバント・リーダーシップを理解するポイントである。たんに何でも奉仕するわけではなく、大事なことは「ミッションのために奉仕者となる」ことである。人は自分たちのためを思ってくれる人、その根本に高い志や使命感のある人についていきたいと思う。たんに（悪い意味での）縁の下の力持ちだけじゃなく、自分が目指す方向に導きたいという気持ちは、サーバント・リーダーシップには必要である。

サーバント・リーダーシップを発揮するにはどのようなことが必要なのだろうか。ここでは「スピアーズの10属性」としてまとめられている10の要素を紹介する（池田・金井、2007)。それは（1）傾聴、（2）共感、（3）癒し、（4）気づき、（5）説得、（6）概念化、（7）先見力、予見力、（8）執事役、（9）人々の成長に貢献する、(10) コミュニティづくり、の10の要素である。

表9-3 サーバント・リーダーシップのスピアーズの10属性

属性の内容	説　明
(1) 傾聴	大事な人たちの望むことを意図的に聞き出すことに強く関わる。同時に自分の内なる声にも耳を傾け、自分の存在意義をその両面から考えることができる
(2) 共感	傾聴するためには、相手の立場に立って、何をしてほしいかが共感的にわからなくてはならない →他の人々の気持ちを理解し、共感することができる
(3) 癒し	集団や組織を大変革し、統合させる大きな力となるのは、人を癒すことを学習すること →欠けているもの、傷ついているところを見つけ補う
(4) 気づき	一般的な気づきも大事だが、特に自己意識（self-awareness）がサーバント・リーダーを強化する →自分と自部門を知ること。倫理観や価値観ともかかわる
(5) 説得	職位に付随する権限に依拠することなく、また、服従を強要することなく、他の人々を説得できる
(6) 概念化	大きな夢を見る能力を育てたいと願う、日常の業務上の目標を超えて、自分の志向をストレッチして広げる →制度に対するビジョナリーな概念をもたらす
(7) 先見力、予見力	概念化の力とかかわるが、いまの状況がもたらす帰結をあらかじめ見ることができなくても、それを見定めようとする　それが見えたときに、そうはっきりと気づく →過去の教訓、現在の現実、将来のための決定のありそうな帰結を理解できる
(8) 執事役	執事役とは、その人に大切なものを任せて信頼できると思われるような人を指す →より大きな社会のために、制度を、その人になら信託できること
(9) 人々の成長に貢献	人々には、働き手としての目に見える貢献を超えて、その存在そのものに内在的な価値があると信じる →フォロワー１人ひとりの成長に深くコミットできる
(10) コミュニティ作り	組織の中で仕事をする（奉仕する）人たちの間に、コミュニティを創り出す

（出所）池田・金井（2007）の76-77頁を参考に筆者作成

サーバント・リーダーシップを身につけるにはこの10属性を１つずつ考えてみよう。きっと自分が得意なこと、苦手なことが含まれているはずである。得意なことを活かし、苦手なことの克服に少しずつ取り組んでみよう。

第9章

4-2 リーダーシップ行動論としてのPM理論

リーダーシップの行動が大事であるとして、ではどのような行動をとればいいのだろうか。行動論の代表的な研究、三隅二不二のPM理論についてみていこう。

三隅は組織を効果的にするリーダーシップ行動を２つ明らかにしている。１つはＰ（performance）機能と呼ばれるもので、集団目標を達成しようとするリーダーシップ行動である。もう１つはＭ（maintenance）機能と呼ばれるもので、集団を維持しようとするリーダーシップ行動である。これを図にすると、**図9-2**のようになる。Ｐ機能とＭ機能、それぞれの強弱で４つのセルができるが、この中で一番成果を上げられるリーダーシップの型はどこになるだろうか？　もう想像がつくと思うが、右上のPM型のところである。２つの機能は同時追求することが可能で、PM型が生産性も高く、モティベーションも高いことが指摘されている。これをHi-Hi パラダイムという。

もちろん両方発揮できれば問題ないが、みなさんの中には２つの機能のうちどちらかが得意という人もいるかもしれない。その場合はもう１つのリーダーシップ行動をできるようにするか、もう１つのリーダーシップ行動を得意な人といっしょに分担するか、どちらかをおすすめする。後者にかんしては、サブリーダーにあたる人になるが、自分とはタイプの違う人に手伝ってもらうこともできるだろう。

図9-2　PM理論

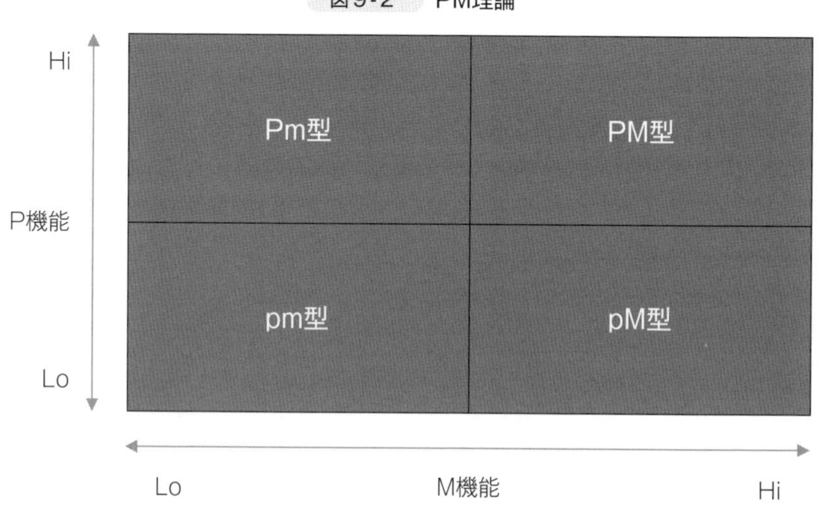

（出所）金井（1991）の95頁を参考に筆者作成

4-3 コンティンジェンシー理論としての状況的リーダーシップ

PM理論のように「どんなときもこの行動は有効」というリーダーシップ行動はなかなか見いだせない。そこで現れたのがリーダーシップのコンティンジェンシー理論（条件適合理論）である。有効なリーダーシップ行動はそれを発揮する条件によって変わるというものであり、その代表的な理論の１つがK. ブランチャードほか（1985）の「状況的リーダーシップ」である。彼らが発見した条件とは「部下の成熟度」であり、新米の部下と十分成長した部下とでは効果的なリーダーシップ行動は異なる。その行動は「指示的行動（部下に命令や指示を出すような行動）」と「援助的行動（成果を出す行動を支援するような行動）」のバランスをとることが重要である。２つの軸で考えると、４つの類型に分けることが出来る。新米の部下に対して最初は指示的行動多・援助的行動少の「指示型」から始まり、徐々に支援的行動を増やしていく。指示的行動多・援助的行動多の「コーチ型」から徐々に指示的行動少・援助的行動多の「援助型」へと支持的行動を減らしていき、最後は支援的行動をも減らし、指示的行動少・援助的行動少の「委任型」に移行する。このように指示型→コーチ型→援助型→委任型というふうにリーダーシップスタイルを移行させることが重要であるとしているのである。

4-4 変革時に必要な変革型リーダーシップ

これまでのリーダーシップ理論は、なんとなく平時の業務処理を念頭に置いていたが、経営環境が大きく変化するときには、企業を変革するようなリーダーシップが求められる。そのようなリーダーシップの理論が、変革型リーダーシップの理論である。金井（1991）は、変革型リーダーの行動特性として、７つにまとめている。それが①ビジョンの提示、②変化への嗅覚、③チャレンジの奨励、④緊張感の醸成、⑤メンバーの育成、⑥人的ネットワークの構築、⑦感情への配慮、の７つである。

順に説明すると、①ビジョンの提示は、変革のための夢のある大きなビジョンを持ち、自らの行動でそれを示し、メンバーがビジョンを理解し注意を払うようにする行動である。②変化への嗅覚は、組織を取り巻く環境を注意深く観察し、変化の動向を機敏に感じ取り、変化の理由や意味づけを行う行動である。③チャレンジの奨励は、ビジョンを実現するための具体的なプロジェクトに対して、メンバーがチャレンジしていくことを奨励、促進する行動である。他方で④緊張感の醸成は、変革を成し遂げるために、高い目標水準を設定し、実現するよう緊張感を作り出す行動である。⑤メンバーの育成は、変革の厳しさに耐えられるメンバーを日頃から育成、ケアしていることである。⑥人的ネットワーク構築は、変革を遂行する上で必要な情報を獲得するための人的ネットワーク作りである。そして⑦感情への配慮は、変革を実現するときに起きるメンバーの感情変化に対して敏感に対処していることである。このように変革時に求められるリーダーシップ行動は、平時とは異なるということがわかるだろう。

5 おわりに

本章では、会社を動かすために重要なヒトを動かすということについて、モティベーションとリーダーシップについて学んできた。会社はヒトでできており、そのヒトは勝手に動くものではない。ヒトを動かすために何が必要なのか、理解し実践していくことが重要である。

《参考文献》

池田守男・金井壽宏『サーバントリーダーシップ入門ー引っ張るリーダーから支えるリーダーへ』かんき出版、2007年。

伊丹敬之・加護野忠男『ゼミナール経営学入門（改訂三版）』日本経済新聞社、2003年。

上田泰『組織の人間行動』中央経済社、1995年。

金井壽宏『変革型ミドルの探求：戦略・革新指向の管理者行動』白桃書房、1991年。

ブランチャード、K.・ジガーミ、P.・ジガーミ、D.（小林薫訳）『1分間リーダーシップー能力とヤル気に即した4つの実践指導法』ダイヤモンド社、1985年。

ハーズバーグ、F.（北野利信訳）『仕事と人間性ー動機づけ-衛生理論の新展開』東洋経済新報社、1968年。

グリーンリーフ、R. K.（金井壽宏監訳・金井真弓訳）『サーバントリーダーシップ』英治出版、2008年。

キーティング、J.（牧野洋訳）『NETFLIX コンテンツ帝国の野望ーGAFAを超える最強IT企業』新潮社、2019年。

マズロー、A. H.（小口忠彦訳）『人間性の心理学ーモチベーションとパーソナリティ（改訂新版）』産業能率大学出版部、1987年。

マッコード、P.（櫻井祐子訳）『NETFLIXの最強人事戦略ー自由と責任の文化を築く』光文社、

2018年。

《次に読んで欲しい本》

金井壽宏『働くみんなのモティベーション論』日本経済新聞出版社、2016年。
鳥内秀晃・生島淳『どんな男になんねんー関西学院大アメリカンフットボール部鳥内流「人の育て方」』ベースボール・マガジン社、2019年。
グラント、A.（楠木建監訳）『Give & takeー「与える人」こそ成功する時代』三笠書房、2014年。

？考えてみよう

【予習用】

1．あなたの所属する集団、チーム、組織において、あなたが仕事や勉強、活動をがんばっているとするなら、それはなぜだろうか。苦しいことがあってもがんばり続けられているとするなら、それはなぜだろうか。一度考えてみよう。

【復習用】

1．予習用の設問で考えたことを、モティベーションの考え方を活かしてもう一度考えてみよう。あなたのがんばっていること＝行動の、動因と誘因にあてはまるものは何だろうか？あなたがもっとがんばれるため、あるいは周りの人にがんばってもらうために、必要なことは何だろうか。考えてみよう。
2．あなたの所属する集団、チーム、組織において、リーダーだと思える人はいるだろうか。その人はどんなリーダーシップ行動をとっているだろうか。なぜあなたはそのリーダーについていきたいと思うのだろうか。考えてみよう。

第10章

「会社」をさらに動かし続けるのに必要な企業戦略

1 はじめに

企業が成長するに従って、企業全体として進む方向を明確に決める必要がでてくる。ビジネスを始めた当初の通りやっていくのか、見直して新しいビジネスを開始するのか。また、事業が広がるにつれて、ヒト、モノ、カネ、情報といった経営資源を事業ごとに配分しなければならなくなる。その配分をどうするのか。あるいは、ビジネスに必要な経営資源が足りない場合、どうすればよいのか。このような課題は、第４章で考えた個別の事業戦略よりも上位に位置しているものとして、戦略的に検討し、実行する必要がある。本章では、企業全体の方向付けに関わる「企業戦略（全社戦略）」について学ぶことにしよう。

2 事例：akippa（6）：他社との提携を通じての成長

2-1 akippaの事業の広がり

駐車場のシェアリングサービス「akippa」がスタートしたのは、2014年４月25日のこと。事前登録の結果、700カ所の駐車場と3,000人の会員からのスタートであった。2014年12月は1,500カ所、2015年12月は4,200カ所、2016年12月は7,500カ所、2017年12月には２万5,000カ所、そして2019年７月にはついに3万カ所を超える。そして開始して約7年（2021年5月）で、4万5,000カ所、220万人を誇るサービスに成長した。現在も日々、空き駐車場と会員の登録は増えている。

2016年にはすでに「日経優秀製品・サービス賞」を受賞している。同賞は『日本経済新聞』をはじめとする各種の経済紙・誌を発行する日本経済新聞社が、名前の通りに特に優れた新製品やサービスを表彰するものである。「個人や企業が保有する空き駐車場を登録することで、運転者が検索し使えるようになるウェブサービス。空き駐車場のシェア（共有）は自動車や家に続くシェアリングエコノミーの代表格として普及が進んでおり、アキッパは同分野で国内最大手だ」（https://www.nikkei.com/edit/news/special/newpro/2016/page_2.html#2-4）とakippaの活躍を評している。

これが成し遂げられたのは、第8章で見た金谷と創業時からのメンバー、新卒採用者や中途採用者など、akippaの仲間たちが手を取り合っての努力だけではない。ライバルも含めて、困りごとを持つ他の組織ともうまく手を取り合って、提携の努力で成し遂げられたものである。

2-2　困りごとを持つ事業会社との連携

例えば、2016年12月から開始されたトヨタ自動車との連携である。同社がサービスを開始したスマートフォンアプリ「TCスマホナビ」でakippaの駐車場の予約が可能となったのである。自動車の利用者の便利さを高めたいトヨタにとって、akippaのサービスは魅力的なものであった。また傘下のレンタカー最大手のトヨタレンタカーの店舗（当時全国に1,200店舗）内の駐車場もakippaのサイトへの登録が進められた。レンタカーの店舗は駅前など好立地であり、akippaにとって魅力的である。一方、レンタカーの貸し出しが多い時期には店舗内の駐車場が空き、それが埋まることはレンタカー側にとっても魅力的であった。こうしたトヨタグループとの連携は空き駐車場の確保が進むだけでなく、こうしたサービスをより世に知らしめ、また、信頼を高めるものとなった。

あるいは、駅前の商業施設や線路下に空き駐車場・スペースを持つ鉄道会社とも連携を進め、それらの有効活用のお手伝いも進めている。それらの有効活用が問題となっていたのである。

これら事業会社にくわえて注目すべきは、ライバルとの提携である。駐車のサービス提供という意味においてコインパーキング会社は、akippaにとって大きなライバルである。しかしながらじつは、彼らも空きスペースの存在が困りごととなっていた。大手10社のうち７社と提携を結び、akippaのシステムで予約できる便利さを提供することで、彼らの困りごとの解決のお手伝い、空きスペースを埋める、を提供している。

2-3 困りごとを持つ地域の組織との連携

またakippaの本社は大阪にあり、また、重要な営業拠点は東京にある。そのため地方では、営業活動が必ずしも十分なものではなかった。それゆえ、上記のような提携も進めてきたが、より地域に根ざす企業とも連携を深め、それが代理店となってakippaに登録する駐車場の開拓も進めた。例えば2017年10月には、沖縄のテレビ局および不動産仲介会社と提携して、駐車場の登録や会員獲得に向けてテレビCM、営業活動をそれらが実施することとした。イベント開催時などの迷惑駐車やコインパーキングがない住宅街での他人の駐車場や路上への違法駐車が問題となっており、インバウンドの旅行者の増加で自動車の利用も増加していた。

また、各地の会場で開催されるサッカーのＪリーグ、プロ野球、バスケットのＢリーグの試合は多くの観客を集め、各地の地域振興には欠かせないコンテンツとなっている。しかしながら多くの観客を集めれば集めるほど駐車場不足、それにともなう周辺での交通渋滞が主催者や地域社会の困りごととなっていた。元々は世界一のサッカー選手を目指していた金谷の目は、この困りごとの解決にも注がれた。第４章の事例でも触れたように2016年11月にＪ１のセレッソ大阪と提携して、ホームスタジアムの周辺駐車場を試合チケット購入と同時に予約できるようにした。

写真10-1 名古屋グランパスとの「駐車場パートナー」提携

（提供）akippa株式会社

写真10-2　大津市との提携

（提供）akippa株式会社

Jリーグのｖ・ファーレン長崎をはじめとして、提携先は増加している。

また観光地を抱える地方自治体にとっても、観光客の増加は同様の問題を引き起こしている。例えば2018年11月には滋賀県大津市と提携を結び、高原リゾート施設「びわ湖バレイ」などの駐車場問題の解決に乗り出している。

2-4　損害保険会社との提携

最近の大きな提携としては、損害保険大手のSOMPOホールディングスとのそれがある。2019年10月、大型の出資を受け入れるなどして同社がakippaの株主になっての提携である。

損害保険会社は契約獲得また契約者の万が一の事故などに備えて、全国に代理店など数多くの拠点を持つ。彼らが空き駐車場の契約獲得に乗り出してくれることは、akippaにとって「渡りに船」である。また損保会社は、代理店を通じて高齢のために免許を返納した顧客を確実に把握している。返納して自動車を手放せば、保険は解約されるためである。返納した顧客が自宅に駐車場を持っていれば、それは空きとなる。もったいない、との困りごととなる。代理店を介していち早く、解決の手段としてakippaのサービスの提案ができる。さらにはakippaのサービスは会員制であったり、カスタマーサービスも充実しているため、万が一トラブルが発生しても迅速に対応している。しかしながら、そうしたトラブルの発生そのものを懸念する駐車場オーナーもいる。この懸念、悩み、困りごとについても損保会社であれば、専用の保険の開発を通じて困りごとを解決できる。なおかつSOMPOホールディングスのような大手であれば、空き駐車場の開拓から保険の提供まで、顧客に与える信頼度は群を抜いている。免許を返納する大半が高齢者である。まだまだ若きベンチャー企業であるakippaにとってはこうした点も、提携から得られる大きな果実である。

3 経営戦略を構成するもの

3-1 経営戦略の階層構造

経営戦略は、階層構造を持っていることを理解する必要がある。すでに述べたように、企業の方向性を決める企業戦略（全社戦略）があり、その企業戦略と矛盾のない各事業の戦略（事業戦略）が決まる。さらに、各々の事業戦略に開発、生産、マーケティングといった機能のあり方を決定する機能別戦略がある（図10-1参照）。

企業は、その成長プロセスで当初のビジネスに加えて、新たなビジネスを開始し、複数の事業を持つことが少なくない。個別のビジネス、事業における戦略が事業戦略であるのに対して、企業戦略では、複数の事業を対象に企業の方向性と経営資源の配分を検討する。ただし、企業の規模が小さい場合、典型的には事業がひとつで

図10-1 戦略の階層構造

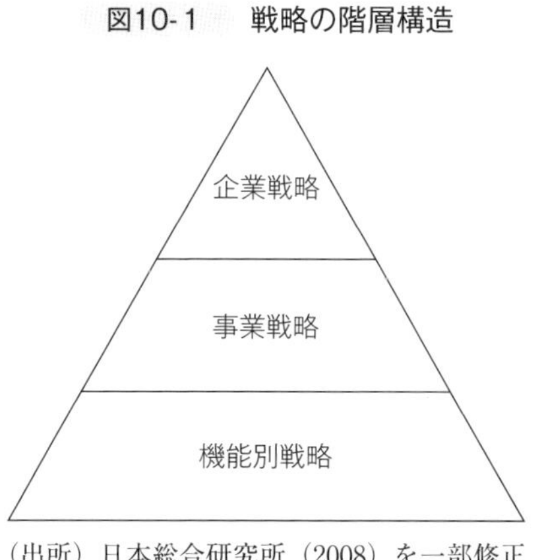

（出所）日本総合研究所（2008）を一部修正

ある場合には、企業戦略が事業戦略を兼ねることになる。この章で取り上げる企業戦略は、階層の一番上に位置し、事業戦略や機能別戦略を規定する。

3-2　企業の「あるべき姿」

重要であるのは、その企業が定めた「あるべき姿」を十分に踏まえる必要があるという点である。あるべき姿は、経営理念、ミッション、ビジョンといった形で企業内外に示されることが多い。

akippaの場合、以下のように定められている。

「なくてはならぬ姿」（ミッション）：“なくてはならぬ”をつくる
「中長期的な経営方針」（ビジョン）：あなたの“あいたい”をつなぐ
「本質的にもつべき価値観」（エッセンシャル・バリュー）：ホスピタリティ、
「体現すべき価値観」（バリュー）：最短を考え、最速で走ろう、使命感と責任感を持って、最後までやりきろう、チームで最高のパフォーマンスをしよう

企業戦略では、既存のビジネスを超えた新規事業への参入や複数事業の編成や資源配分といったことを検討するが、常にこのあるべき姿に立ち戻って企業の戦略は練られ、実行されていくのである。

3-3　企業ドメインの決定

企業のあるべき姿は、経営環境と照らし合わせて、「自社として取り組む範囲」を決める際の重要なファクターとなる。この自社として取り組む範囲のことを、企業ドメインと呼ぶ。企業ドメインは、ともすれば、製品やサービスそのもので考えてしまう傾向がある。だが、適切な企業ドメインを設定するためには、顧客の視点から価値を考える必要がある。缶詰めの製造業者が自社の企業ドメインを「缶詰めを作ること」と規定してしまうと、それ以外の事業に展開することが難しくなる。そうではなくて、「パッケージを提供する、何かを包むことを提供する」と規定すればどうだろうか。缶詰めを超えた、新たな事業への展開も可能になりそうである。

企業ドメインを踏まえて、企業が成長する機会を検討するためのフレームワークとして知られているものに、Ⅰ．アンゾフの成長ベクトルがある（図10-2）。

図のように、アンゾフは縦軸に市場、横軸に製品（技術）をとり、それぞれ既存と新規に分けて４つのセルを規定した。まず、既存市場の中で成長をするのか、新規市場に進出するのか、という市場の側面である。次に、既存製品（の延長・改善

図10-2 成長ベクトル

		製品 既存	製品 新規
市場	既存	市場浸透	製品開発
市場	新規	市場開拓	多角化

（出所）アンゾフ（1969）を一部修正

したもの）を売るのか、新規製品を開発して販売するのか、という製品（技術）の側面である。これらを組み合わせて、次のように考えていく。

① **市場浸透**

既存の製品で既存の市場の中で売り上げを高めて、成長を図る。そのため、すでにある市場で競合企業から顧客を奪うといった施策が必要となる。

② **製品開発**

新しい製品で既存の市場の中で売り上げを高める。典型的には、自社で研究を行って新技術を開発、その技術を応用した製品を開発して既存の市場に導入する。

③ **市場開拓**

既存の製品で新規の市場の中で売り上げを高める。従来、進出していなかったセグメント（年齢等、ある基準で分類された顧客の範囲）や地域で既存製品を販売する。

④ **多 角 化**

新規の製品で新規の市場の中で売り上げを高める。既存の新規の事業間で、研究、生産（設備）、原材料、流通チャネル等、何らかの関連性があれば関連多角化と呼ばれ、関連性がない場合は非関連多角化という。関連多角化では特に、差別化の源泉であるコア・コンピタンスの共有が重要である。また、非関連多角化の成功確率が低いことが知られている。なお、多角化は、一般的には「事業領域の拡大」を指す。吉原・佐久間・伊丹・加護野（1981）は、「企業が事業活動を行って外部に販売する製品分野の全体の多様性が増すこと」を多角化の定義としている。

4 多角化戦略

4-1 「なぜ、さまざまな事業を手がけるのか？」

アンゾフの示した４つの成長戦略のうち、最も困難が伴うのは、多角化戦略であるといわれている。実績のない新しい製品で、なじみのない新しい市場で戦う必要があるためである。それでは、なぜ多角化を行うのだろうか。以下の３つの理由があることが知られている。

① 企業の存続

製品や市場には、人間と同様、寿命があると考えられている。これを市場のライフサイクルといい、導入期、成長期、成熟期、衰退期という段階をたどる。もしも、ひとつの製品事業のみ手掛けていると、市場の衰退とともに企業も滅んでしまう。そこで、新しい事業に進出して、企業の存続を図る。

② シナジー効果（相乗効果）

シナジー効果とは、部分それぞれ（例えばある事業）の総和以上の利益を生む効果のことである。鉄道会社が鉄道事業だけでなく、駅前を開発してスーパーマーケット事業も始めるとしよう。鉄道を利用する乗客が、駅を降りてスーパーマーケットを利用するかもしれない。逆に、スーパーマーケットを利用した買い物客は、移動に鉄道を利用する頻度が増すだろう。つまり、鉄道事業とスーパーマーケット事業を別々に運営する以上の相乗効果をもたらす。

③ 資源の活用

特に利用されていない経営資源を活用するために、新たな事業を始めることもある。例えば、ある事業の見直しによって余剰人員が生まれれば、その人員を活用する目的で新規事業を開始する場合もある。

4-2 「どうやって、管理するのか？」

次に、企業戦略における資源配分の考え方をみていこう。複数事業の間で経営資源を配分するために考案されたPPMが有名である。PPMとは、資金の流れであるキャッシュフローをベースに複数事業を分類して、企業の資源配分を検討するフレームワークである。図10-3を参照されたい。

図10-3 PPM

		相対的市場シェア	
		高	低
市場成長率	高	スター	問題児
	低	金のなる木	負け犬

（出所）エイベル＆ハモンド（1982）を一部修正

図10-3にあるように、PPMでは市場成長率と相対的市場シェアで事業を評価し、スター、金のなる木、問題児、負け犬の４つの象限に分類する。ここで、市場成長率は事業が必要とする投資の程度を意味している。ある市場が成長していると、多くの競合企業が参入してくるため、それらに対抗する投資が必要になる。また、相対的市場シェアは、各事業からどのくらい利益が得られるかが分かる。競合よりも市場シェアが大きいということは、相対的に累積生産量が多くなるので、経験曲線効果からコストを大きく下げられる。したがって、相対的な市場シェアが大きければ大きいほど、その市場から得ることのできる資金も多くなる。PPMにおける分類は、以下の通りである。

① スター

「スター」の事業は、市場成長率と相対的市場シェアがともに高い。相対的市場シェアが高いことから、多くの利益が得られる。ただし、市場成長率も高いため競合も多く、投資も多額となる。したがって、まだスターの事業から多額のキャッシュは得られないが、市場が成長するにつれて投資の必要性がなくなっていき、将来的には多額のキャッシュを期待できる。

② 金のなる木

「金のなる木」の事業は、市場成長率が低く、相対的市場シェアは高い。競争力があり利益を期待できるうえに、投資はそれほど必要ない。つまり、この事業からは多額のキャッシュを得ることができる。ただし、成長率が低いことから、いずれ市場は衰退していくのは時間の問題である。そのため、この事業に代わる別の事業の育成を考える必要がある。

③ 問 題 児

「問題児」の事業は、市場成長率は高いが、相対的市場シェアは低い。つまり、競合が多いのでかなりの投資が求められる。また、競争力がないため、この段階では利益も期待できない。ただし、競争力さえ高めることができれば、スターの事業に上がる可能性が高いことを意味している。

④ 負 け 犬

「負け犬」の事業は、市場成長率と相対的市場シェアのどちらも低い。結論から言えば、撤退を検討すべき事業とされている。市場成長率が低いことから、投資はそれほど必要ないが、競争力がないので低収益に苦しむ事業である。

PPMは、単に事業を分類するためのフレームワークではない。どの事業に力を入れるべきか、キャッシュの配分をどうするか、といった意思決定をPPMはダイナミックに支援する。具体的には、「金のなる木」から多くのキャッシュを得て、将来性のある事業である「問題児」に投資する。「スター」を育成し、さらに「金のなる木」に成長するように導いていく。

■ コラム10-1

PPMの限界

PPMは、複数事業への投資配分を考えるうえで強力なフレームワークだが、いくつかの限界も指摘されている。

第1に、市場成長率の前提に関するものである。市場のライフサイクル通りに、市場が変化するとは限らない。例えば、市場の成長が鈍化し、市場が衰退していくと思われても、イノベーションによって、再び市場が活性化するかもしれない。つまり、負け犬から問題児にランクアップするにもかかわらず、撤退してしまう恐れがある。

第2に、相対的市場シェアに関連する問題点である。相対的な市場シェアが大きくなくても、差別化戦略をとっているのであれば、高い収益をあげられる可能性が高まる。例えば、負け犬のように見えても、実際は問題なく収益をあげられるかもしれない。

第3に、事業間のシナジー効果の影響を無視しているという主張がある。例えば情報等、経営資源にはカネ以外のものがあるが、PPMではカネ（キャッシュ）の観点からのみ分析するため、情報的経営資源のシナジー効果を見落としてしまうかもしれない。

このように、フレームワークには含まれていない、他の要因も併せて検討しないと、誤った結論を導いてしまうことになりかねないのである。

4-3 「どうやって、手がけるのか？」

それでは、多角化する方法にはどのようなものがあるだろうか。ひとつは、自社の経営資源のみを使って新たな事業領域を広げる方法がある。また、他社の力を借りる方法もある。具体的には、M&Aと戦略的提携である。

まずM&Aとは、企業合併（Merger）と企業買収（Acquisition）を意味する。企業合併では、２つの企業が合同してひとつの企業をつくることであり、新しい企業の経営権が元の企業どちらが持つかはケースバイケースである。他方、企業買収はある企業が別の企業を吸収するので、経営権は吸収する側にある。

M&Aを実行することで、自社のみで事業を開発するよりも時間を節約しながら、すでにある経営資源に新しい資源を加えて、シナジー効果を狙うことができる。ただし、M&Aの実施にはリスクも伴う。第１に、入手できる限られた情報から、想定通りの成果（例えばシナジー効果）が生まれるどうかを判断することは困難である。第２に、異なる企業がひとつになることは、容易ではない。もともとの企業の理念、慣習、文化の違いから、一緒に業務を進めるうえで障害が生じることもある。

つぎに戦略的提携とは、複数企業によって製品やサービスの開発・製造・販売等に関する、協力的な関係を結ぶことである。戦略的提携では、M&Aと異なり経営権に変更はないので、提携に関わる企業の独立性は保たれる。

戦略的提携には、３つの効果が考えられる。

第１に、規模の経済とシナジー効果である。複数企業が経営資源を持ち寄ることで、コストの効率性が増して、「規模の経済」の効果が期待できる。また、経営資源の組み合わせから生まれるシナジー効果も期待できる。第２に、組織間学習である。提携相手から、技術やスキル、ノウハウを学ぶ機会を得ることができる。第３に、リスクとコストの分担である。例えば、利益が出るかどうか分からない新製品の開発において、提携によってリスクを分担することが可能になる。しかしながら、提携自体にもリスクは生じる。提携相手が裏切るかもしれないという、信頼の問題である。また、M&Aと同様、企業の理念、慣習、文化の相違から、提携における協力がうまくいかなくなる恐れもある。

akippaの事例では、企業が成長していくために、さまざまな提携が行われていることが分かる。トヨタグループや鉄道会社との提携だけでなく、ライバルであるコインパーキングの会社とも手を結ぶ。また、損害保険会社との提携では、空き駐車場を探すために全国に拠点を持つ損保会社の力を借りる。また、損保会社は、車を手放してしまい、自分の駐車場の運用に困る顧客を把握できる。空き駐車場の情報を得られるakippaはもちろん、akippaの紹介を受けた顧客もまた困りごとを解決することになる。したがって、そうした顧客は、損保会社との別の更なる契約を結ぶことになれば、損保会社の収益が増加する。このように、この提携では特に、情報的経営資源のシナジー効果を狙っているのである。

■ コラム10-2

コア・コンピタンス

コア・コンピタンスとは、「顧客に対して、他社には真似のできない自社ならではの価値を提供する、企業の中核的な能力」（ハメル & プラハラード、1995）と定義される。コア・コンピタンスの概念的特徴は、製品レベルの短期的優位性ではなく、能力レベルの持続的優位性をもたらす点にある。例えば、ソニーはAMラジオの小型化に成功した。だが、ソニーはAMラジオからのみ収益を得たわけではない。AMラジオが売れなくなっても、AMラジオに始まった小型化技術を活かしたウォークマンから、大きな収益を得たのである。したがって、ソニーの小型化技術は、コア・コンピタンスだと考えられる。なお、コア・コンピタンスは、①顧客の価値を高めるものであること、②ユニークで模倣が難しいものであること、③特定製品だけでなく新しい製品分野に利用できること、の３点を満たす必要がある。

5 おわりに

この章では、企業の方向性を決め、事業への資源配分を検討する企業戦略について学習した。企業が成長するためには、事業の拡大と資源の配分に関する検討が不可欠である。複数の事業を手掛けるためには、個別の事業を対象とした戦略だけでなく、全体としての戦略が必要になる。また、多角化の論理と方法に焦点を当てた。企業の成長戦略にも、さまざまな考え方がある。それぞれのリスクと併せて、ダイナミックに戦略を構築して実行することが重要である。

《参考文献》

網倉久永・新宅純二郎『経営戦略入門』日本経済新聞出版社、2011年。
日本総合研究所　経営戦略研究会『経営戦略の基本』日本実業出版社、2008年。
吉原英樹・佐久間昭光・伊丹敬之・加護野忠男（1981）『日本企業の多角化戦略－経営資源アプローチ』日本経済新聞社、1981年。
アンゾフ、I.（広田寿亮訳）『企業戦略論』産業能率短期大学出版部、1969年。
エイベル、D. F. & J. S. ハモンド（片岡一郎他訳）『戦略市場計画』ダイヤモンド社、1982年。
ハメル、G. & C. K. プラハラード（一條和生訳）『コア・コンピタンス経営－大競争時代を勝ち抜く戦略』日本経済新聞社、1995年。

《次に読んで欲しい本》

沼上幹『経営戦略の思考法』日本経済新聞社、2009年

？考えてみよう

【予習用】

1．お気に入りの企業を1つ選び、その企業がどのような事業を持っているか、調べてみよう。

【復習用】

1．多角化している企業をひとつ選択し、その事業間の関連性があるどうか調べ、あるとするとどのような関連性があるのか、考えてみよう。
2．戦略的提携の事例を探し、その提携の目的を考えてみよう。

第11章

「会社」をさらに動かし続けるのに必要な国際化の戦略

1 はじめに

国際経営とは、輸出や海外生産のように国境を越えて行われる経営のことを意味する。企業がこの国際経営を実施するようになり、またその規模や範囲が拡大していくと、企業の国際化が進んでいく。本章では、企業の国際化でみられる形態や経緯、戦略について見ていく。

経済産業省の『海外事業活動基本調査』によると、2018年度の日本企業の海外子会社（海外現地法人、法人については第３章を参照）は２万6,223件ある。これを地域別に見るとアジアが１万7,672件（全体の67.4%）ともっとも多く、北米の3,277件（同12.5%）や欧州の2,937件（同11.2%）を上回っている。また、このアジアの日系子会社の数は、1978年度1,478件（同41.4%）や1998年度6,213件（同47.7%）からも大きく増えている。以下では、日本企業の進出が盛んなアジアに立地する日系ベトナム子会社のケースから紹介する。

2 事例：エースコックベトナム

2-1 現地子会社の設立

「ワンタンメン」や「スーパーカップ」、「わかめラーメン」「スープはるさめ」を

写真11-1　エースコックベトナムの本社と現地工場（内部の様子）

（提供）エースコック株式会社

生産・販売しているエースコック（本社大阪府吹田市）を知っている読者は多いだろう。では、エースコックのインスタントラーメン（即席麺）が海外でも長年支持されていることはご存知だろうか？　以下で紹介する同社の子会社エースコックベトナム（正式名はAcecook Vietnam Joint Stock Company）（**写真11-1**）は「2019年度ベトナムの消費者に選ばれる即席麺メーカー」として、英国調査会社Kanter Worldpanelより２年連続で表彰された。エースコックベトナムは現地の即席麺市場で約50%のトップシェアを持つ。とくに同社の即席麺ブランド「Hao Hao（ハオハオ）」は人気が高く、同調査会社から「（ベトナムの）都市部で最も選ばれるブランド」として2019年に表彰されている。以下で見ていくケースは、杉田（2010）や日本貿易振興機構海外調査部（2010）、中川他（2015）、西山（2014）、エースコック公式ホームページ等も参考にしている。

エースコックは1993年にエースコックベトナムの前身となるビフォン（VIFON）-エースコックをベトナムに設立した。同社は、エースコックと丸紅、現地国営企業ビフォンが共同で出資する合弁会社として設立され、1995年に即席麺の生産を開始した。

1993年に約7,000万人だったベトナムの人口の中で、即席麺の主要顧客の若者が非常に多く、また当時庶民の間で普及し始めていた即席麺の需要は年間２～３億食であった。東南アジアの市場調査を進めていたエースコックにとって、需要の増加と経済の成長が見込めるベトナム市場は魅力的だった。なお2019年のベトナムの人口は9,600万人に増えている。

1990年代初頭のベトナムでは、共産党政権の統制経済のもとで国営企業だった現地メーカーは、海外との接触がなかった。外国からの技術移転が進んでいなかった現地メーカーの即席麺の品質は悪かった。即席麺にとって品質は非常に重要だが、その管理は難しい。たとえば即席麺を揚げるフライ油をうまく管理できないと、フライ油が劣化して酸化が進んだ麺を食べた人は、気分が悪くなったり、腹痛になったりする。即席麺の品質の向上が必要だという現地政府の判断のもと、海外技術導入に向けた国営企業と外国企業の合弁話が持ち上がった。この情報を入手した丸紅から、ビジネス上の関係があったエースコックに打診がなされたのが、ビフォン-エースコック設立のきっかけである。

2-2 技術移転

ビフォン-エースコックの設立目的の1つは、ベトナムの即席麺全体をレベルアップすることであった。その実現に向け、同社では日本と同じ品質の製品作りを目指し、日本からの技術移転が行われた。エースコックの日本工場から日本人の技術者・作業員が派遣され、現地従業員に技術・ノウハウの指導や、現地工場への最新設備の導入を行った。

しかし、日本と同レベルの品質を実現できる原材料を当時のベトナムで調達することは困難だった。1986年にベトナム共産党大会で決定された、国家による統制経済から市場経済システムの導入や対外開放化等を含むドイモイ（刷新）政策で、ベトナムの経済改革は始まった。1990年代初頭の現地の経済成長は軌道に乗りつつあったが、工業化・近代化が進展したのは2000年以降である。当初高品質な原材料を現地で調達できなかったビフォン-エースコックは、95%の原材料を日本やベトナムの近隣諸国から輸入せざるを得なかった。

輸入材料を使った即席麺はコストが高く、コスト削減の努力を行い利益ゼロも覚悟したビフォン-エースコックでも、ラーメン1個2,000ドン（約15円）の値段設定が限界だった。これは現地メーカーのラーメン1個の値段700ドン（約5円）より高額だった。しかし、ビフォン-エースコックの即席麺はメディア等で取り上げられたこともあり、現地消費者から高品質で美味しく、安全で健康的な食品として認識されるようになった。ベトナムで食品の高級ブランドとして認知されるようになった同社の即席麺だったが、競合メーカーより高い価格がネックとなっていた。このため、同社の即席麺は、現地消費者がパーティーや子供の学校の成績が良い時のご褒美、お中元・お歳暮の贈答等、たまにしか買わないものとなっていた。値段が高くて量が売れなかったため、同社は生産開始後の５年程は苦しい経営状況であった。

2-3　現地向け製品の導入と現地化

その後ビフォン-エースコックは輸入に頼っていた原材料の調達を見直し、現地の原材料を積極的に使った「Hao Hao（ハオハオ）」（**写真11-2**は2020年時点のHao Hao）を2000年に発売し、大ヒットとなった。

「Hao Hao（ハオハオ）」の大ヒットの背景には２つの現地化がある。現地化とは、進出先市場において外国の企業としての性格を弱め、現地の企業としての性格を強めることである。

１つ目の現地化は、ベトナム産の原材料の調達を拡大したことである。「Hao Hao（ハオハオ）」の発売前にシェアが５～７％だったビフォン-エースコックは、この製品を20%のシェア獲得のための戦略商品に位置付けた。同社は製品の品質を維持しながらコストを下げるために、高品質の原材料の現地調達を拡大した。2000年頃にはベトナムの工業化が進展し、小麦粉、スープ、包装資材、段ボール等を生産する現地メーカーも海外設備を導入していた。ただし、現地メーカーはそれを使って良い製品を作るための十分なノウハウを持っていなかった。このため、ビフォン-エースコックは、現地の原材料メーカーが日本産の原材料と同レベルの

写真11-2　エースコックベトナムの主力製品

（注）現在のHaoHao・袋麺（左）と他の即席麺（右）
（提供）エースコック株式会社

品質を実現できるように技術支援を行った。高品質の現地産の原材料を使った「Hao Hao（ハオハオ）」は、他社の即席麺より２～３割高かったが、従来の自社製品の半額の1,000ドン（約７円）で発売することができた。高級ブランドの即席麺が従来の半額で買えるという大々的な宣伝もあって、ブランド志向の強い現地の消費者は発売と同時に「Hao Hao（ハオハオ）」を求めて店に殺到した。

２つ目の現地化は、現地の顧客に適応した製品戦略である。「Hao Hao（ハオハオ）」は、日本の即席麺とほぼ同じ麺に、トムチュアカイ味（酸味の効いた辛い味）というベトナム人の嗜好に合わせたスープが組み合わされている。日本と異なるスープの開発は、ベトナム人の味覚を理解した現地人従業員がすべて担当した。「Hao Hao（ハオハオ）」を導入する前のビフォン-エースコックでは赤字が続いたこともあり、経費がかかる日本人駐在員を減らし、ベトナム人の管理者を中心に組織が運営されていた。現地向け「Hao Hao（ハオハオ）」の開発は、このような「人の現地化」によって実現された面もある。

加えて、「Hao Hao（ハオハオ）」のヒットでは、上記の現地化とあわせて、ビフォン-エースコックにおける販売体制の構築も重要だった。同社の設立当初は、小売店が生産工場まで商品を取りに行き、それを店に並べる、というスタイルが現地の一般的な流通形態だった。このため、生産メーカーによる営業や流通という活動は、現地でほとんど行われていなかった。そこで同社は、合弁パートナーのビフォンの卸売代理店のルートも活用した代理店の整備や、営業担当者による問屋から小売り店の巡回による小売店ルートの開拓を行った。現地の営業担当者に対する服装や巡回方法、営業トークに関する日本人の指導が行われ、各得意先の要望を聞き、それを後日届けることができる現地の販売組織作りが進められた。

2-4　海外事業の発展・拡大

「Hao Hao（ハオハオ）」の大ヒットで急増したベトナムの需要に対応して、ビフォン-エースコックは生産規模を拡大していった。また、同社は経済社会の急速な発展に伴い変化していく現地の人々の生活スタイルにあわせて、米粉やはるさめを使った即席麺やカップ麺等の導入により商品群を拡充した。そして、ビフォン-エースコックは、2004年のビフォンの民営化に伴う合弁解消によりエースコックと丸紅の出資比率が変更され、社名がエースコックベトナムとなった。2008年には新たな現地パートナーを加えた出資比率の変更（エースコックは過半数出資を継続）と、現社名Acecook Vietnam Joint Stock Companyへの変更が行われた。

写真11-3　エースコック・ミャンマーのヤンゴン工場と製品

（提供）エースコック株式会社

エースコックベトナムは、2019年12月時点でベトナム全土に７拠点11工場、5,442人の従業員数を擁し、日本国内の従業員約750名を大きく上回る組織の規模となっている。また、即席麺の現地需要の半数以上を生産するエースコックベトナムは、東南アジアや欧米を中心に40カ国以上への製品輸出も行っている。

さらに、エースコックはミャンマーのヤンゴン工場（**写真11-3**）でも2017年から即席麺を生産している。同社は2014年にヤンゴン支店を開設し、翌年に現地生産を行うエースコック・ミャンマーを設立した。同社は、従来は大半が海外（タイ・韓国等）の味となっていたミャンマー市場に向けて、現地の味を再現した即席麺の開発を続けている。

最後に、エースコックはグループ全体で共有する企業スローガン「Cook happiness（おいしい　しあわせ　つくりたい）」を2015年に制定した。Cook happinessは「お客様一人ひとりに“しあわせをつくる”こと」を意味している。このような全社的なビジョン・考え方は、国境を越えて展開している同社グループの結束力を高め、多数の従業員の行動や意思決定を導く役割を果たしていると思われる。

3 国際化とは

3-1 海外市場での事業活動の形

事例で見たような海外拠点の設立は、企業が国際化する典型例である。海外拠点は、組織や事業活動が比較的小規模な時は、海外の支店や出張所、事務所としてスタートすることが多い。これらを第1章で見た会社という点で考えると、海外拠点は親会社と同じ法人（会社）の一部となる。また、一定の規模の組織や事業活動を伴う海外拠点は、本社とは別の法人（会社）となる子会社（海外子会社）として設立されることも多い。

■コラム11-1

ボーン・グローバル企業

創業した段階やその直後に海外事業を展開する企業は、ボーン・グローバル企業と呼ばれている。ボーン・グローバル企業は、設立当初から海外進出を目指し、国内市場で足場を固める中で海外展開も行い、急速に成長を遂げていく。ボーン・グローバル企業が生まれた背景には、IT技術や物流網の発達で小さな企業でも海外顧客へのアクセス・商品供給が容易になったことがある。ボーン・グローバル企業には、ニッチと呼ばれる比較的狭いまたは特殊な製品・サービスを手掛ける企業や、北欧やオセアニア等の国内市場が限られる地域の企業が多いと言われる。国内やニッチの市場が限られる企業でも、グローバルな顧客を視野に入れることで世界トップを目指すことができる。

フリマ・アプリのサービスを運営するメルカリは、設立直後に海外進出を果たしている。2013年2月設立の同社はフリマ・アプリ「メルカリ」の国内配信・サービスを同年7月に開始し、翌年3月には米国子会社を設立して現地でのサービスを同年9月に開始した。同社は米国進出当初は利用者獲得のために販売手数料を無料にしていたが、2016年10月には日本と同じ販売手数料（販売額の10%）を徴収して本格的な事業化に踏み出した（日経BP社、2017）。早期に米国進出を果たした背景には、同社が重視する「新たな価値を生み出す世界的なマーケットプレイスを創る」というミッションがある。米国市場は同業他社が多く競争が厳しいが、フリマ・アプリビジネスで鍵となる決済と物流が高度に発達し、中古・二次流通の市場規模も大きく、同社にとって魅力的な市場である。このような米国市場を、成功すればグローバルブランドとして認知されるようになる重要市場として同社は位置づけている。2017年に社員が350人だった同社では、当時の開発要員120人のうち約９割の人々が米国向けユーザーインタフェース等のサービス開発に従事していた（日経BP社、2017)。このように同社は設立の直後から米国市場へ参入し、継続的に事業を展開している。

3-2　どこで国際化するのか

企業の国際化は主に３つのポイントで捉えることができる。

第１は、事業拠点がどこにあるのかという点である。これは国際化する事業拠点が、本社のある国（本国）に立地するのか、または本国とは別の国・地域に立地するのか、という違いがある。前者の本国拠点における国際化の例としては、多くの日本企業で今日見られるような、本社における外国人従業員の採用や駐在・研修がある。本社における株式出資等を通じた外国資本の導入や、海外企業からの技術導入も本国拠点の国際化である。また、後者の事業活動の海外展開については、以下で見ていくようにいくつかの側面から捉えることができる。

3-3　どの事業機能が国際化するのか

国際化を捉える第２のポイントは、国際化する事業活動に含まれる仕事の内容（事業機能）の違いである。事業機能には、製造企業だと専門の部門・部署が担当する販売、生産、開発等があり、これらは販売→生産→開発の順で海外展開するのが一般的と言われている。

まず、製造企業の国際化は、本国で生産する製品を輸出することから始まることが多い。輸出は、その大半が新たな販売市場の獲得や、本国市場の飽和・競争状況の回避を目的としている。また、輸出には、その関連業務を自社の海外事業部等が担う直接輸出と、関連業務を商社等に委ねる間接輸出がある。加えて、輸出した製品は、輸出先の市場において自社ブランドで販売することもあるが、他社ブランドで販売することもある。他社ブランドでの輸出はOEM（Original Equipment Manufacturing）輸出と呼ばれ、自社の知名度が低い海外でも現地企業のブランドで販売すれば、一定の売上が見込める。ただし、OEM輸出では自社の輸出戦略が供給先の販売方針に左右される、輸出先の顧客情報を直接得にくい等の問題もある。

販売機能の国際化に続くことが多いのが、海外生産という生産機能の国際化である。海外生産には、自社工場での生産と、他社工場での生産（委託生産）がある。海外生産が輸出に続く背景には、輸出の増大がもたらす弊害がある。たとえば日本企業の輸出では円安が進むと利益が増えるが、円高が進むと利益が減る。このような為替動向に輸出採算が左右されるリスクを企業はなるべく減らしたい。輸出で得た海外販売を確保・拡大しつつ、輸出による為替リスクを減らす１つの方法は、輸出の一部またはすべてを現地での生産に切り替えることである。また、高度成長期に繊維や鉄鋼、家電、自動車分野の日本企業が経験したように、海外の現地企業を脅かす程に輸出を拡大すれば、貿易摩擦という国家間の政治問題を招くこともある。とくに自動車産業では、1980～90年代に欧米政府から輸出の抑制を強く要請され、日本企業は輸出台数を制限する自主規制を実施した。輸出が限られた日本企業は、欧米で自社生産や委託生産を開始して現地販売車を確保した。なお、天然資源や安い労働力等の国内で得にくい資源の獲得・利用を目的とした、輸出とはあまり関係ない海外生産もある。

これに続くのが、設計、製品企画、試験・実験、デザイン、市場調査、基礎研究等を含む開発機能の国際化である。海外開発が海外生産に続く１つの理由は、海外生産で技術支援が重要な役割を果たすからである。本国工場と同じ製品を作る海外工場でも、本国工場との間で気候条件や原材料の入手可能性、従業員の習慣・体格等が異なることは珍しくない。その場合、同じ製品でも海外工場では本国工場とは違う設計や材料の開発が必要となる。また、海外生産では原材料・部品の供給企業（サプライヤー）への技術支援も重要となる。海外の自社工場や取引先に対する技術支援のために、設立・拡充される海外開発拠点もある。

海外生産とはあまり関係のない海外開発もある。たとえば日本から輸出される製品は、安全性や環境等について輸出先の現地政府の審査が必要となるものも多い。また、海外市場における輸出製品の使用状況の評価や規制・競合企業の動向調査等も、輸出に伴う開発業務である。これらの輸出に対応するために設立される海外開発拠点もある。さらに、輸出や海外生産とは関係なく、特定の国・地域の優れた開発関連の経営資源を得るための海外開発もある。たとえば、医薬品分野では海外の企業・大学・研究機関との共同研究を目的とした海外研究拠点は少なくない。

3-4　国際化する事業活動の主体

企業の国際化を理解する第３のポイントは、国際化する事業活動を自社単独で行うのか、または他社との協力で行うのか、という点である。前者の場合はすでにみた本社等における外国人従業員の採用や、自社が単独で出資する海外子会社（完全子会社）の設立があてはまる。

後者の国際化する事業活動における他社との協力の例は、事例で見た海外子会社を現地企業との共同出資の合弁会社として設立する場合である。合弁会社（パートナーは現地企業を想定）と完全子会社の間では、海外子会社の設立・運営の面で特徴に違いがある（**表11-1**）。

表11-1　出資形態別の海外子会社の特徴

	合弁会社（現地パートナーの場合）	完全子会社
メリット	・投資・費用をシェアできる ・パートナーの知識・資源の利用	・自社方針に沿った組織運営・意思決定 ・迅速な意思決定
デメリット	・パートナー合意に基づく意思決定・組織運営（時間・手間を要する、自社方針が十分反映できない可能性） ・自社知識を学んだパートナーが将来競合するおそれ	・投資・費用を自社のみで負担 ・海外事業に必要な知識・資源を自前で調達（時間がかかることもある）

（出所）各種資料から筆者作成

合弁会社のメリットは、事業に伴う投資・費用をパートナーとシェアできるため、完全子会社の場合より自社の負担を少なくできる。また、現地企業との合弁会社では、パートナーの持つ現地顧客に関する知識や取引先ネットワークを利用することも期待できる。完全子会社では、これらの海外事業に必要な知識・資源を自社がゼロから獲得・蓄積しなければならない。

一方、合弁会社はパートナーとの合意のもとで運営せねばならず、完全子会社の場合よりも意思決定や組織管理に時間・手間を要し、それらに自社方針を十分反映できない可能性もある。また、合弁会社で自社の知識を学んだパートナーが、将来的に自社の競争相手となるおそれもあり、これは完全子会社にはないデメリットである。

■コラム11-2

国際戦略提携

事例で紹介した合弁のように、他社との継続的な協力関係を結ぶことは戦略的提携（Strategic Alliance）または戦略提携と呼ばれている。提携にはパートナー間で協力するまたは手を携えるという意味があり、パートナーがそれぞれの長期戦略に基づいて協力関係を結ぶのが戦略的提携である。また、海外企業をパートナーとする国際戦略提携は、事例で紹介したような海外市場における現地企業との合弁だけでなく、国内市場における海外企業との合弁もある。国内市場における海外企業との合弁は、海外企業のブランドや技術・ノウハウの利用や学習が目的となることも多い。また、特定の事業・プロジェクトに関する戦略的提携には、合弁だけでなく、OEMや委託生産、共同開発等も含まれる。

戦略的提携には、企業レベルで行われるものもある。企業間で全般的な事業で協力する包括提携はその例だが、これは企業間の出資関係の締結や役員等の派遣を伴うことも多い。国際的な企業レベルの戦略的提携が活発なのは航空業界である。航空会社は海外の航空会社との間でコードシェア便による共同運航や、チェックインカウンターやマイレージ・プログラムの相互利用を行っている。パートナー間で相互の設備やサービスを融通しあうことで、自社の航空サービスを利用する顧客の利便性が高まる。

また、航空会社は多数の企業が参加する提携グループを形成し、グループ内の共同運航やマイレージ・プログラムの共用も進めている。全日空やユナイテッド航空、ルフトハンザ航空、ニュージーランド航空等が参加するスターアライアンス、そして日本航空やアメリカン航空、ブリティッシュ・エアウェイズ、カンタス航空等が参加するワンワールドがそれである。これらは、企業レベルを超えたネットワークレベルの戦略的提携とも言えるものである。

4 国際分業の戦略

多国籍企業では、世界に展開する各拠点の役割や拠点間の連携に関する国際分業が重要な問題となる。国際分業の戦略には現地市場への適応とグローバルな統合の程度の違いによって、基本的に３つのタイプがある。

第１のタイプは、世界で共通する需要に同じ製品・サービスで対応し、これを効率的に実現しようとするグローバル戦略である。この戦略では、開発や生産等の事業拠点が世界的に最適な国・地域に集中的に配置され、そこから各国に製品が供給される。スマートフォンの組立・部品メーカーや、ファストファッションブランドのアパレルメーカーが、中国等の工場で集中的に生産し、そこから世界各国に輸出するのはこの例である。この戦略には、親会社のもとで拠点間の分業・調整がスムーズに行われ、世界レベルで規模の経済性を実現しやすいというメリットがある。一方、各国・地域の要求にきめ細かく対応することが難しく、また貿易摩擦や為替変動の影響を受けやすいというデメリットもある。

第２は、各国・地域をユニークな市場と捉えて、それらに個別に対応しようとするマルチドメスティック戦略である。この戦略では、それぞれの国・地域には販売や生産、開発等の事業機能が配置され、各国・地域の拠点が自立的に運営される。

図11-1　国際分業の戦略タイプ

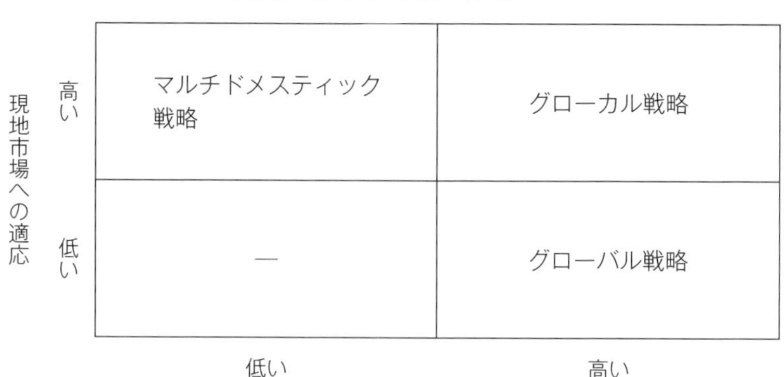

（出所）伊丹・加護野（2003）の165頁を筆者が一部修正

現地適応が求められる傾向が強い食品やサービス等の分野ではこの戦略を採用する企業も多い。この戦略には、国・地域を越えた輸出入が少なく輸入障壁や為替リスクに対応しやすい、個別のマーケティングや製品戦略を通じて市場ごとの顧客・競争にきめ細かく対応できる等のメリットがある。一方、強い権限をもつ各国・地域の拠点が個別に事業機能をもつため、工場等を集約して規模の経済性を追求しにくいというデメリットもある。

第3は、グローバル戦略とマルチドメスティック戦略の双方の利点を活かそうとする、グローカル戦略である。ハイブリッド型とも言えるこの戦略のもとでは、一方で世界的に親会社が統一的な求心力を保ちつつ、各拠点の自立性を持たせる形で運営される。製品とともにエンジンやプラットフォーム（車台）等の基幹部品を本社で開発し、海外拠点で現地向けの製品を開発する自動車企業はこの例である。この戦略には、拠点間のグローバルな連携を通じて部品・システムのレベルで世界的に規模の経済性を実現しつつ、各国のローカルな要求にも対応できるところにメリットがある。ただし、この戦略の実現は容易ではなく、適切なマネジメントが行われなければ、マルチドメスティック戦略とグローバル戦略の短所が顕在化するおそれもある。

5 おわりに

以上のように、企業の国際化にはさまざまな形態やプロセス、戦略がある。これらの国際化を経る中で、今日数多く存在している多国籍企業は発展してきたのである。

最後に、近年は脱グローバル化（deglobalization）と呼ばれる新たな状況も生じている。とくに2020年初頭からの新型感染症の世界的な流行は、国境を越えた人々の移動や協働を大きく制約する事態を招いている。また、自国至上主義の台頭や国家間の安全保障体制の不安定化、移民問題の深刻化により、貿易の自由化と逆行する経済政策も各地で顕在化している。これらの動向は、近年の情報技術や移動・交通手段の発展、世界的な自由貿易体制のもとで国際化を遂げてきた多国籍企業に新たな試練をもたらしている。

《参考文献》

伊丹敬之・加護野忠男『ゼミナール経営学入門（改訂三版）』日本経済新聞社、2003年。

杉田俊明「新興国とともに発展を遂げる経営ーケース研究 エースコックベトナム」『甲南経営研究』第50巻第４号、2010年。

中川功一・林正・多田和美・大木清弘『はじめての国際経営』有斐閣ストゥディア、2015年。

西山茂「日本の消費財メーカーのベトナム進出における現状と課題」『早稲田国際経営研究』第45号、2014年。

《参考資料》

一般社団法人 経済産業統計協会編（2020）『第49回 我が国企業の海外事業活動 2019年（令和元年）海外事業活動基本調査（2018年度（平成30年度）実績）』一般社団法人 経済産業統計協会。

エースコック株式会社の公式ホームページ（http://www.acecook.co.jp/index.html）。

経済産業省経済産業政策局調査統計部企業統計室・貿易経済協力局貿易振興課編（2001）『第29回 我が国企業の海外事業活動：平成11年海外事業活動基本調査』財務省印刷局。

通商産業省産業政策局（1981）『我が国企業の海外事業活動（昭和55年度版）』大蔵省印刷局。

独立行政法人日本貿易振興機構海外調査部（2010）『サービス産業の国際展開調査 エースコック株式会社（海外：ベトナム）』独立行政法人日本貿易振興機構。

日経BP社（2017）「メルカリ、世界に挑む」『日経コンピューター』2017年１月19日号、36-41頁。

《次に読んで欲しい本》

石井真一『日本企業の国際合弁行動ートロイの木馬仮説の実証分析（増補版）』千倉書房、2020年。

関口倫紀・竹内規彦・井口知栄『国際人的資源管理』中央経済社、2016年。

？考えてみよう

【予習用】

1．企業の公式ホームページ等を活用して、海外における事業活動の内容とその発展経緯について調べてみよう。

【復習用】

1．日本企業が海外企業と実施した戦略的提携の内容について調べ、その背後にある企業の目的とあわせて分析してみよう。

2．脱グローバル化によって、国際化戦略や国際運営体制が大きく変化した事例を調べ、その経緯を分析してみよう。

第12章

「会社」をさらに動かし続けるのに必要な「ヒト」と「ヒト」の関係

1 はじめに

ある程度大きな仕事、あるいはある程度大変な目的を達成するには、一人で達成することは難しいだろう。期間の長い短いにかかわらず、そこではチームを組んで取り組むことが多いと思われる。それは会社のみならず、学校やその他の場面においてもいえる。そしてチームのメンバーであれ、チームを率いるマネジャーであれ、よいチームであれば、仕事も目的もうまく達成できるだろう。それではチームとはどのようなもので、よいチームとはどのようにマネジメントすればよいだろうか。本章ではこのような問題について考える。本章の内容を理解することで、チームの一員になったときも、チームを率いる立場になったときも、うまく行動することが出来るようになるだろう。

2 事例：Google

2-1 チームを大事にするGoogle

日々の生活で、Googleの検索のお世話になっている人は多いだろう。Google（会社としては株式会社アルファベットであるが、本章ではGoogleのほうを用いる）は、「世界中の情報を整理し、世界中の人々がアクセスできて使えるようにす

写真12-1　米Googleが株式新規公開の記念式典に出席した共同創業者のラリー・ペイジ氏（中央）ら同社関係者

（出所）ロイター＝共同

る」を会社のミッションに、検索サービスをはじめとした多種多様なビジネスを手がける会社である。Googleは1998年、ラリー・ペイジとセルゲイ・ブリンによって創業された。ここでGoogleが生み出した革新的な１つひとつのサービスをあげていくよりも、この文章を読んでいるみなさんが、日頃使っているGoogleのサービスをあげていくほうが早いだろう。それほどGoogleのサービスは日常生活に浸透している。それだけでなく、アメリカのビジネス誌「フォーチュン」が毎年発表している「働きがいのある会社ベスト100」でGoogleはここ10年ほどの間に何度も（2014～2017年など）第１位に選ばれていることからもわかるように、従業員が働きがいをもって働ける会社であることも知られている。Googleの経営方針や働き方の詳細は、ボック（2015年）を読んでみてほしい。

Googleがなぜみなさんがよく知る革新的なサービスを次々と生み出せるのか。その理由の１つが、Googleがチームを大切にする会社であるということがある。彼らがどのようにチームを作り、マネジメントしているのか、その点について、主に、グジバチ（2018）をもとに紹介する。

2-2 最も大事にしているのは「心理的安全性」

Googleがチームを大事にしているのは、現代のビジネス環境において抜きん出た成果をあげるには、ダイバーシティ（多様性）に富んだ集合知が重要であるからであるとしている。異質性に富んだ多様な人材をまとめあげることで、多様な視点や考え方を取り入れたアイディアがたくさん生まれる。それが強みの源泉になるのである。

しかしみなさんも経験したことがあるかもしれないが、異なる特性をもった人々を、１つのチームとしてまとめあげるのはとても難しい。それでビジネスで成果をあげるならなおさらである。そこでGoogleが重視しているのはマネジャーの役割である。彼らも無条件にそれが重要だといっているのではなく、調査プロジェクトを通じて検証した結果、やはりマネジャーの役割が重要であることが確認できたそうである。まず彼らが明らかにした、生産性の高いチームの特徴は、次の５点にまとめることができる。

① チームの「心理的安全性」（Psychological Safety）が高いこと
② チームに対する「信頼性」（Dependability）が高いこと
③ チームの「構造」（Structure）が「明瞭」（Clarity）であること
④ チームの仕事に「意味」（Meaning）を見出していること
⑤ チームの仕事が社会に対して「影響」（Impact）をもたらすと考えていること

この中でも最も大事な点は①の心理的安全性であるという。これは「メンバー１人ひとりが安心して、自分が自分らしくそのチームで働ける」ということである。「心理的安全性」というように、チームで「これをいったら（やったら）他の人にバカにされる」「ホンネをいわないほうがいい」「人を頼りたいけど難しい」といった感情を抱く必要がないことであるといえる。心理的安全性があることで、残りの４つの要因、すなわち他のメンバーに対し信頼感をもてるし、チームの構造・計画・役割や、仕事の意味、社会における位置づけを自分でわかるように行動できることにつながる。「自己認識・自己開示・自己表現」ができる環境が重要であるということである。

2-3　チームの成果を高める優秀なマネジャーの特徴

上記の成果を上げるチームの特性をふまえ、Googleが調査プロジェクトを通じて明らかにした、チームの成果を高める優秀なマネジャーの特徴は、次の８つであるとする。

① よいコーチである
② チームを勢いづけて、マイクロマネジメント（チームのメンバーに対する過度な監督・干渉）はしない
③ チームのメンバーが健康に過ごすこと、成果を上げることに強い関心を持っている
④ 生産的で成果主義である
⑤ チーム内のよき聞き手であり、メンバーと活発にコミュニケーションしている
⑥ チームのメンバーのキャリア形成を手助けしている
⑦ チームのためのはっきりとしたビジョンや戦略を持っている
⑧ チームのメンバーにアドバイスできる専門的技術・知識を持っている

この中で最も大事なのは、①よいコーチである、ということである。命令ベースではなく、部下とのコミュニケーションを通じて、目標とそれを達成する計画をつくりあげるのがコーチングである。協調的、対等的、支援的なコミュニケーションが、チーム作りの源泉であるといえる。それが可能になることで、残りの７つの特徴も実現できるといえる。

2-4　チーム作りを支える「ワン・オン・ワン」コミュニケーション

そしてチームの心理的安全性を高めるための仕組みを、Googleはいろいろもっているが、その中の１つが「ワン・オン・ワン」というコーチングのためのミーティングである。マネジャーは週１回１時間、必ずメンバーと１対１で個人面談してコーチングをしなければならないそうである。このワン・オン・ワンの成果は評価と直結しているそうで、コーチングに基づくコミュニケーションが、チーム作りのベースになっているといえる。

ワン・オン・ワンのようなミーティングはどんな組織でも実行可能なシンプルな仕組みであるという。しかしコーチングの理論にもあるように、「コーチング」と

「ティーチング」は全く異なる。話を聞いてアドバイスする時間だととらえてはならない。Googleでは、ワン・オン・ワンはメンバーの時間であり、基本的にはメンバーの話したいことを話してもらうということになっている。そこではメンバーのプライベートなことも語られることもあるが、そのような相談に乗っているマネジャーほど、成果をあげていることもあるという。

このような姿勢はチームレベルでも活かすことができる。チームのコミュニケーションを建設的な方向に導くのもマネジャーの役割である。同時に自らの心理的安全性も高めるよう、自己開示や自己表現を交え、ファシリテーションを進めることが、チームの心理的安全性、および建設的なコミュニケーションを成り立たせる、重要な土台になっているのである。

2-5 さらにチームの成果を高めるには？

このようにGoogleでは、心理的安全性を構築するコーチング・コミュニケーションをベースに、チームの成果を高めるマネジメントが行われている。ケースとして参考になったという人もいるかもしれない。

しかしこれだけで自分たちのチームをハイパフォーマンスなチームに変えることができるかを考える必要はあるだろう。Googleは世界最高の人材を全世界から集めている。彼らの能力を最大限に引き出し、目標を明確にすることで、高い成果を期待できるだろう。

さらに自分たちのチームの成果を高めるためには、チームメンバーがお互いに学びあって切磋琢磨できる環境にする必要はあるだろう。Googleでも社内の人材からお互いに学び合う「学習する組織」を目指しているという。チームのメンバーが自己を高めることで、そのほかのメンバーがそこから学ぶことを繰り返すことで、チームの総合的な能力は高まっていく。チーム作りと学習を両立させることが、ハイパフォーマンスなチームを生み出すことにつながる。これがGoogleのケースから学べる、もう１つの事項である。

■コラム12-1

チームによる意思決定のダークサイド

チームをうまくマネジメント出来れば、問題解決につながる生産的な意思決定を行うことができるが、うまく出来なければ悪い結果を招きかねない意思決定につながってしまうことがある。

1つに「集団極性化（group polarization）」という現象である。これはチームが極端な意思決定を行ってしまうことである。たとえばみなさんはいわゆる「心霊スポット」に行ったことはあるだろうか。いやいや行ってしまった人はそのときのことを思い出してもらうと、その場のノリにあわせようとし、他の人が怖くないというから行ってしまった、という感じではないだろうか。集団極性化はチームで議論を行う際に、複数のメンバーがあるメンバーの意見（例：そんなに怖くない）を裏付けるような理由（例：友達もいったけど何もなかった）を述べるため、その意見に対する確信が強化されてしまうことなどが原因とされる。

もう1つは「集団浅慮（groupthink）」という現象である。これはチームが抱えている問題の適切な解決よりも、メンバーの意見を合わせることを求めてしまうようになり、現実的な意思決定が困難になる現象である。心霊スポットは危険な場所にあるから、近所の神社で肝試しをしようと提案したにもかかわらず、ノリが悪い、怖がりなどといわれ、しぶしぶ取り下げた、という感じのことが例としてあげられる。集団浅慮は多数派のメンバーが少数派のメンバーに圧力をかけるため、少数派が発言を控えることが、多数派へ賛成しているものと考えられてしまうことが原因とされる。

チームにおいて生産的に議論する上では、これらの意思決定のダークサイドを回避することが必要である。そのためには反対意見を1人で主張せずに同調する人を巻き込むこと、マネジャーが少数意見を尊重するようなファシリテーションを行うことなどが有効である。

さて、あなたが大学のサークルの合宿委員で、他のメンバーが心霊スポットに行くことを提案した場合、それを回避するために、どのようにすればいいだろうか？

3 チームとはどのようなものか

3-1 チームとはどのようなものか

本節では、チームとはどのようなもので、どのようなタイプがあるのかについてみていく。ここでいうチームとは、「メンバー間の協働を通じて高い相乗効果をあげるために組まれた人々の集まり」ということができる。同じような言葉に「集団」という概念があるが、チームと集団はいくつかの点で異なる。まずチームは何かの目的を達成するために意図的に組まれるものである。偶然集まった集団をチームとは呼ばないし、何かの目的のために組まれたチームと、その人々が所属する組織全体とも異なる。

次にチームは、上記の定義にもあるように「メンバー間の協働を通じて高い相乗効果をあげる」ためのものである。チームはメンバーそれぞれが1人ずつ仕事をした成果を集めたもの（A）より、メンバー全員が協力して仕事をした成果（B）のほうが高いこと（A＜B）が重要である。これがチームを組む目的でもある。すなわち1人ずつ仕事をするよりも、何人かで協力して仕事をしたほうが、分業のメリットを享受できたり、多様な知識や情報を集められたり、多様な視点から物事を考えて決めたりできることから、高い成果を期待することができるからである。

しかし人々が集まったからといって、このことが達成できるとは限らず、逆に低くなる（A＞B）こともしばしばである。これがチームにマネジメントが必要な理由でもある。

3-2 チームのいくつかのタイプ

チームにもいくつかのタイプが存在する。ロビンス（2009）が示した主なものとしては、問題解決型チーム、自己管理型チーム、機能横断型チーム、バーチャルチームなどがある。

問題解決型チームは、特定の問題について何人かの人々を集めて解決策を考えるチーム形態である。チームは問題の背景や原因、改善策などを議論して決定し、組織に提示する。Googleのケースにおいては、チームにおいてマネジャーの役割は重要かどうかを検証したチームがこれにあたるし、職場における禁煙が進まない原因を議論するチーム、定期的に仕事の改善状況について検証するチームなども例としてあげられる。問題解決型チームの特徴は、問題解決のためのアイディアや施策を考えることであり、その実行責任はチームにはない。上記の禁煙が進まない原因を議論するチームはその考えを会社の各部署に提示するところで仕事は終了となる。

自己管理型チームは、問題解決だけでなく、その問題解決策を実行し、結果を出す責任まで持つチームである。解決策を提示してあとは組織任せの問題解決型チームと異なり、結果を出すまでが仕事となるため、問題解決まで確実に進めることができる。会社におけるプロジェクトを実行するタスク・フォース（プロジェクト・チーム）はこの形態をとることが多い。Googleのケースにおいては、革新的なサービスを生み出すためのチームがこれにあたる。チームがどの程度の権限や責任を持つかは企業ごとに異なり、中には優先的な人事権を持ったり、強力な権限をもって会社全体に関わる意思決定を行うことを担うチームもある。また会社だけでなくその他の組織、たとえば学校における部活動のチームなどは、自分たちで強くなる方法を考え、実行し、試合まで行うという意味では自己管理型チームである。自己管理型チームはこのように実行責任を持って活動を行うことができるが、メンバーが同時に所属している組織との軋轢が起こることもある。

機能横断型チーム（クロス・ファンクショナル・チーム）は、複数の部署に所属する人々が集まって結成するチームである。会社であれば開発や生産、販売など多様な職能分野から集まってつくられるし、学校であれば部活動の代表者が集まってつくられたりする。その目的も、組織横断的な問題解決や情報共有を行ったりすることもあれば、横断的なプロジェクトの実行責任までもつ場合もある。情報共有やそれに基づく問題解決がやりやすいが、所属組織との関係からチーム内で利害が対立することもある。

バーチャルチームは、組織や企業、あるいは国の境界を越えて、オンライン上で結成されるチームである。議論する時間を合わせれば、物理的な距離を超えて活動できるのが最大のメリットである。例えば違う国同士の人々が集まる場合、直接対面よりも低コストで運営できる。近年の情報技術の進化により、バーチャルチームの結成および運営は飛躍的に容易になっている。しかし直接対面で話し合うよりもまだコミュニケーションの問題は残っている。

3-3　効果的なチームモデル

次に考えるのは、成果をあげる効果的なチームとはどのような要件を備えているのか、ということである。一口に効果的といっても、それがどのような要件で決まってくるのかがある程度わかっていれば、その要件を備えるため行動することができる。逆に今自分が所属するチームが効果的であるか、何があればもっと効果的になれるかを知ることができるのである。

今回はロビンス（2009）の提示している効果的なチームモデルをもとに考えてみよう。ロビンス（2009）は効果的なチームをつくる要素として大きく、（1）チームを効果的にする資源とその他基盤の影響、（2）チームの構成、（3）職務設計、（4）チームの自信感を左右する上記内容を反映したプロセス変数、の４つをあげ、その中の各要素を紹介している。その内容は図にまとめてあるが、以下１つ１つ説明していこう。

（1）チームを効果的にする資源とその他基盤の影響に含まれる要素として、組織から受ける支援などの十分な資源、効果的なリーダーシップ、信頼関係のある環境、業績評価と報酬システム、といったものが含まれる。（2）チームの構成に含まれる要素として、メンバーの能力、パーソナリティ、適切な役割分担、多様な背景といった多様性、チームの規模、メンバーの柔軟性、メンバーの好みといった要素が、チームが効果的などうかに影響を与える。（3）職務設計に含まれる要素として、仕事を自分のペースで進めることができるかという自律性、さまざまな技能を活用できる機会という技能多様性、タスクを完結させることができるというタスク完結性、およびタスク重要性という要素が影響を与える。これは第９章でみた「職務特性理論」の要素である。そして（4）チームの自信感を左右するプロセスとしては、共通の目的、具体的な目標、チームの自信感、組織内での対立を意味するコンフリクトの程度、そして社会的手抜きをどの程度行っているか（これはマイナスの影響）といった要素が影響を与えるとする。

これらの４つのカテゴリとその中の各要素をみて気がつくことがあるだろう。それは、組織の側にとって決められ、メンバーやリーダーにはどうにもならないことと、ある程度チームのマネジメントによって決められることがあることである。たとえば十分な組織の資源、業績評価と報酬システム、職務設計といった事項は、チームによる自由度が低い。メンバー構成も人事に握られていてはどうにもならない。それに対して効果的なリーダーシップ、信頼関係のある環境、およびプロセス変数については、メンバーやリーダーのマネジメントによってある程度高めることができるだろう。自由度が低い要素もチームの効果に大きな影響を及ぼすが、自由度の高い要素を優先することが大切である。

図12-1　効果的なチームモデル

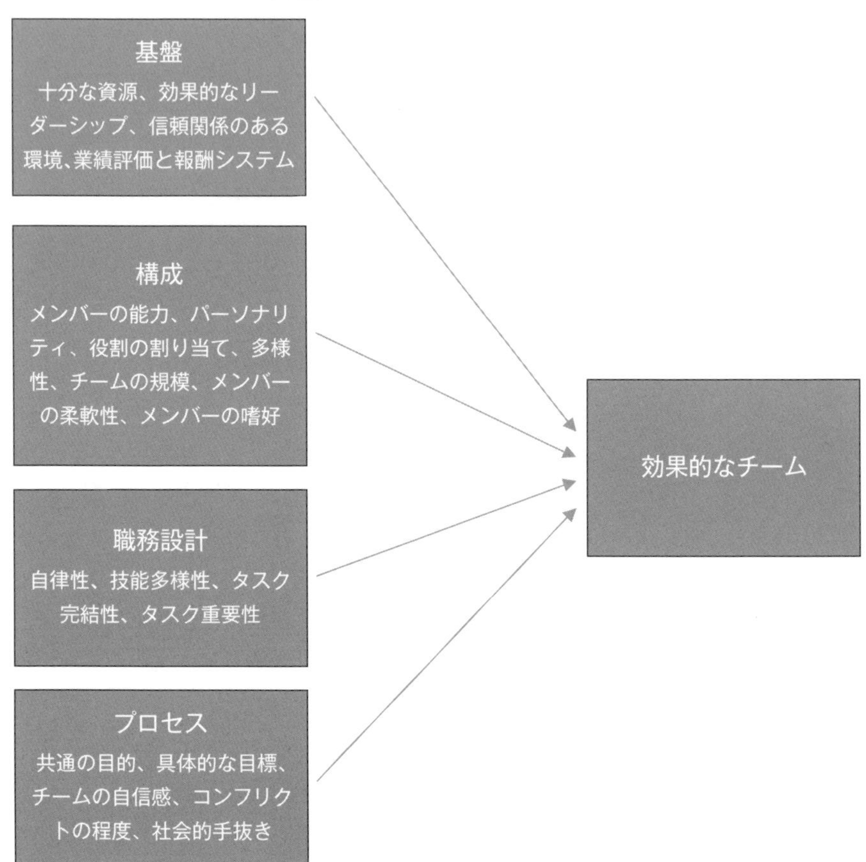

（出所）ロビンス（2009）の208頁を参考に筆者作成

3-4　チームづくりに大切なこと

それではチームを作っていくために大切なことは何かについて考えていこう。もちろんさまざまな要因を考えることが必要だが、実は大事なことの１つに、チーム全体が常に成長できるようにすることがあげられる。Googleのケースでもふれたように、高い成果をあげるためには、メンバーが成長することが欠かせない。このようにチームが学習することを促進するようなチームづくりを考えているのがエドモンドソン（2014）である。

エドモンドソン（2014）はチーム作りを「チーミング（teaming）」という言

葉で考えている。いったんチームを作ったらそれで終わりではなく、常にチームを作り続ける、というイメージである。そしてチーミングは学習のためであるとする。メンバーの行動によってチーム全体の学習が後押しされ、適切なリーダーシップによって最適な結果を得られるようになるからである。チーミングと学習は車の両輪と考えることができる。

エドモンドソン（2014）は、効果的なチーミングの４つの柱として、（1）率直に意見をいう、（2）協働する、（3）試みる、（4）省察する、の４つをあげている。順にみていくと、まず（1）率直に意見をいう、については、個人間で直に誠実な会話ができるかであり、Googleのケースと同じである。何度もふれているのでできるような気がするかもしれないが、「言うは易く行うは難し」である。あなたが、あなたのチームで率直に意見をいえた回数、逆にいえなかった回数を数えてみてほしい。率直に意見をいうのは難しいことであり、それを促進するためにチーミングが必要なのである。（2）協働する、については、協働の姿勢と行動があって、はじめてプロセスを推し進めることができるとしており、協力して仕事を進めることは重要であるが、特に他のチームとの協働は簡単にはいかないこともある。（3）試みる、については、ビジネスにおいてどんどん実験的にトライアルしていこうという意味に加えて、もう１つ、トライアルによって個人の交流につきものの新規さと不確実性を受容できるということがあるという。新しい仕事、先が見えない状況はうまくいかないものであるが、そこを受け入れることで、生産的な対話と学習ができるのである。そして（4）省察する、については、プロセスと結果をしっかり観察し、明瞭に質問し、よく話し合うことだとされる。学習において重要なことであるが、省察は「実践」、やってみることとセットである。その意味では（3）試みる、と（4）省察するはサイクルの関係になっているといえる。

図12-2　実践と省察のサイクル

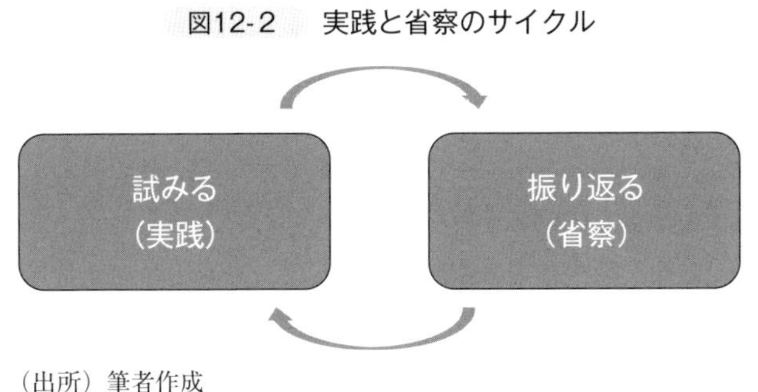

（出所）筆者作成

その上でエドモンドソン（2014）は、チーミングのための4つのリーダーシップ行動を明らかにしている。チームのマネジャーやリーダーは、チームづくりのためにやるべきことを、（1）学習するためのフレーミング、（2）心理的安全を作り出す、（3）上手に失敗して学ぶ、（4）職業的・文化的な境界をつなぐ、の4点をあげている。

まず（1）学習するためのフレーミング、についてである。フレーミングとは、物事をある枠組みでとらえることであり、リーダーはメンバーに協働する意欲を持ってもらえるようにプロジェクトをフレーミングする必要があるという。たとえば野球部というチームがあったとして、練習はきついとメンバーが思っているとしよう。やらされる練習はしんどいものであるが、そこでキャプテンが「練習メニューを自分たちで考えよう」「全体練習のほかに、自分の能力を高める時間を設けよう」などと提案することで、「やらされる練習」を「自分で考えて成長する自分の時間」とフレーミングし直すことができる。それがチーム全体の練習の雰囲気を協調的にすることにつながる。「やりたくない」といった自己防衛のフレームを「学ぶところがある」という思慮深い学習志向へのフレームへと再構成することが重要である。

（2）心理的安全を作り出す、についてはすでにGoogleのケースでも触れている。エドモンドソン（2014）も、不安に思うことなく自由に関連する考えや感情を表現できる雰囲気を作ることは思いの外難しいとして、心理的に安全な環境を育てることで学習を促進できるとする。こちらはより学習に役立つ環境作りとして心理的安全性をあげている。野球部のミーティングで「こんなこと聞いたらバカにされる」「わからないけど聞くのも悪いから」などという考えを捨てさせ、どんどん質問させることで、質問する人は成長するし、またそれがチーム全体の学習につながることを理解させることが重要である。

（3）上手に失敗して学ぶ、については、さまざまな失敗が新しい洞察を得るチャンスをもたらしてくれるとして、失敗を学習のための資源ととらえる考え方である。ここで重要なのは「上手に」という部分である。大きく業績を落とすことにつながる失敗は、チームのためにも個人のためにもしないほうがよい。野球部でいえば紅白戦や練習試合で失敗しても影響は小さいが、大事な大会での失敗はしないほうがよい。それなら紅白戦や練習試合でどんどん新しいことを試し、その失敗を学習に活かせる練習ができればよい。影響の小さい失敗をうまく学びに活かして、大きな失敗をしないようにすることが重要である。

最後の（4）職業的・文化的な境界をつなぐ、については、今日の成功しているチームは、境界を越えて協働し、資源を効率的に使う助けを得るためにその知識と情報を持っている人に連絡するとしている。部署や組織、企業や国境といった、数々の境界を越えることを「越境」というが、越境は学びを生み出す原動力になる。野球部が自分たちの学校を飛び出して他校と練習試合をしたり、プロの試合をみたり、アメリカの野球を知ったりすることは、さまざまな学びをもたらすだろう。大事なのはその越境で得た学びを個人の中にとどめず、チーム全体で共有することである。

4 おわりに

この章ではチームマネジメントについてさまざまな観点からみてきた。チームはつまるところヒトの集まりであり、最初にも述べたように、チームが最大限の力を発揮すれば、個々人の成果を合わせたよりも大きな成果を上げ、社会をよくし世の中を変える原動力になる。メンバー１人ひとりが、自分たちのチームをよくするた

写真12-2 メンバー１人ひとりがいいチームを作る

（出所）筆者撮影

めに何が出来るのか考える機会をもつことで、チームは大きく変わるだろう。それは今のチームのみならず、今後出会うチーム、今後つくるチームをよくすることにもつながっていくのである。

■コラム12-2

実践共同体

本章はチームマネジメントについて説明しているが、チームで学習をするのは仕事の成果を高めるためである。しかし「仕事のために学ぶ」というところから離れたいという願望をもっている人はいないだろうか。たとえば『論語』は仕事に役立つ学びが多く得られる重要な本であるが、「仕事に役立つとしても、そのためじゃなく、ただ『論語』を読んで語り合いたい」という気持ちがそれである。組織論の勉強会に参加していても、多様な人々が集まって議論する場は、人脈も出来るし刺激も受けられるという理由で参加している人もいるのではないだろうか。この勉強会のようなコミュニティのことを「実践共同体」という。

実践共同体は（ある程度）仕事抜きで、自分の学びたいことを、気の合う仲間とともに自主的に学ぶための集まりである。チームで学ぶのに、仕事中にあまり関係ない他のことを学ぶのは理解が得られないが、実践共同体であれば学びたいことを学べるし、いっしょに学ぶ仲間も選べるし、多少ふざけていても仕事ではないので大丈夫である。そしてもちろん、実践共同体で学んだ内容を、チームに還元してもかまわない。そのような自由度の高い「学びのためのコミュニティ」が実践共同体である。

チームで学習を進めるのはとても重要なことであるが、たまには仕事を離れて、交流がてら学びたいことがあると思ったら、実践共同体をつくってみるのもいいかもしれない。もちろんチーム外の人々を集めてきてもいいし、勉強のあとの交流会が本番でもかまわない。学びのオンとオフを切り替える役割も果たすことができるのである。

《参考文献》

釘原直樹『グループ・ダイナミックス－集団と群集の心理学』有斐閣、2011年。

松本雄一『実践共同体の学習』白桃書房、2019年。

ボック、L.（鬼澤忍・矢羽野薫訳）『ワーク・ルールズ!—君の生き方とリーダーシップを変える』東洋経済新報社、2015年。

エドモンドソン、E. C.（野津智子訳）『チームが機能するとはどういうことか－「学習力」と「実行力」を高める実践アプローチ』英治出版、2014年。

グジバチ、P. F.『世界最高のチーム —グーグル流「最少の人数」で「最大の成果」を生み出す方法』朝日新聞出版、2018年。

ロビンス、S. P.（髙木晴夫訳）『組織行動のマネジメント（新版）』ダイヤモンド社、2009年。

《次に読んで欲しい本》

ウェスト、M. A.（下山晴彦監修・高橋美保訳）『チームワークの心理学－エビデンスに基づいた実践へのヒント』東京大学出版会、2014年。

ゴードン、J.（稲垣みどり訳）『最強のポジティブチーム』日経BP社、2018年。

永井明原案・吉沼美恵医療監修・乃木坂太郎作画『医龍-Team Medical Dragon-』（全25巻）、小学館。

？考えてみよう

【予習用】

1．あなたが所属するチームのことを考えてみよう。あなたのチームのよいところはどこだろうか。また、うまくいかないシーンを思い浮かべ、チームがどうなればうまくいくようになるだろうか。考えてみよう。

【復習用】

1．本章で学んだことを活かし、あなたが所属するチームを、もっとよくするための方策を考えてみよう。チームにとって大事なことの１つは、率直に意見をいえる環境、心理的安全性をもった環境である。あなたの所属するチームに、心理的安全性はあるだろうか。それをもっと高めるために重要なことは何だろっか、考えてみよう。

2．そして、チームにとって大事なことの１つは、チームが常に学び合える環境である。あなたの所属するチームで、ここ最近で大きく学んだことはあるだろうか。常に学び合える環境を作り上げるのに大切なことは何だろうか、考えてみよう。

第13章

再度、「会社」と「社会」：
地域と連携することで地域と会社の双方が発展する経営について

1 はじめに

この章では、会社と社会との関係に関して考察を深める中で、とくに「地域」とのかかわりについて考えていこう。読者のみなさんは、会社と地域の関係についてどのようなイメージをもつだろうか。なかなかイメージしにくい人もいるかもしれない。

では、当たり前すぎる指摘からはじめよう。どのような会社であっても、その立地する地域との関係は切り離せない。規模の大小や業種を問わず、経営活動の中ではなんらかのかたちで会社は地域と関係を築いているものである。

本章は、まず、その当たり前のことを、この本で学んできたことを通じて確認することからはじめる。そのうえで、この章でも、会社経営において「地域」をキーワードとする新しい見方を提供していくことにしよう。それは、会社が発展するために「地域」を戦略的に捉えて、経営資源として積極的に活用していく姿である。本章では、北海道テレビ放送の事例を取り上げてこの点について考察を深めていくことにする。

2 会社と地域の関係：これまで学んできてきたことを振り返りながら

ここまで本書では、経営学に関するさまざまなことを学んできた。そのことを通じて学んだことと、地域との関係は直接的なことではないと思う人もいるかもしれない。たしかに、一見すると会社経営と地域の関係について、なかなか想像がつきにくいかもしれない。しかし、実はこれまで学んできた多くの項目に関して地域との関係は切っても切り離せないことが多い。

本書の初めの方で取り上げられたCSR論やSDGsなどの議論から振り返ってみよう。多くの会社にとって、社会的責任の果たし方のひとつに、身近にある地域への貢献や振興といったことがあげられる。言い換えれば、会社にとって地域への社会的責任を果たすことによって地域の発展に寄与し、また自らも発展する共生の関係が築かれることがあるのだ。CSRやSDGsということまで持ち出さなくとも、地域のお祭りやイベントに協賛したり、もっと身近には参加したりすることでも会社と地域の関係の１つといえる。

また、企業形態論においても地域との関係がみてとれる。たとえば地域の社会生活において不可欠な医療や介護といった分野に目を向けよう。これらは一般に株式会社法人の形態をとることは稀で医療法人や社会福祉法人であることが多い。医療や介護の分野に限らず、地域を支えるさまざまな分野では多様な法人が存在し地域を支えているのだ。

ファイナンス論や財務会計などのカネにまつわる問題についても同様である。大会社は別としても、わが国の大多数の会社が中小・零細規模であることを考えると、その多くは地元の地方銀行や信用金庫、信用組合といった地域に根差した多様な金融機関によって支えられながら経営が維持されている。ここに、ヒト、モノ、カネという経営資源のうち、カネ資源と地域との直接的な関係がみてとれる。

ヒト資源にかんしても同様に地域との関係をみることができる。本書のいくつかの章で取り上げられた人的資源管理論を振り返ってみよう。たとえば、学生の皆さんにとって身近な問題であるアルバイトを考えてみよう。アルバイト労働市場が地元の地域の会社経営を支えているという見方は、納得できるではないだろうか。このことは、アルバイトに限られることではない。一般に地域内の労働市場が地域の会社の経営を支えているのである。

経営戦略論の分野にも目を向けよう。事業システムやビジネスモデル、バリューチェーンのテーマで地域との関係が色濃くみえてくることがある。仕入れから製造そして市場といった川上から川下への流通の流れの中で、多くの会社は地元の会社との取引関係の中で活動が成立していることが多いからだ。たとえば、製造業であれば地元の材料屋さんから仕入れを行ったり、地元の問屋さんとの取引関係を結んだりすることによって販路を開拓していることがあげられよう。筆者の研究テーマである老舗の調査では、地商いという言葉を聞いたことがある。また、競争戦略論の中における５フォース・モデルや差別化戦略の中でも競争相手が地域内に存在することもあろう。今日、事業システムやビジネスモデルのあり方は極めて多様化しているため、一概に地元だけでビジネスが成立するとはいえないが、経営戦略論のテーマにおいても地域との関係は切っても切り離せない。

ここまでみてきたように、会社の経営活動においては地域との関係は切っても切り離せないことがわかったと思う。ここで重要なことを指摘しよう。会社にとって地域をどう捉えるのか、それによって経営活動のあり方が大きく変わってくることである。本書の振り返りを通じて確認できたことは、どちらかというと地域を所与として捉えていた見方である。地元の地域にとけ込み上手に付き合っていこうという姿といってもよい。もちろん大切な姿勢である。

ここから考えていきたいのは、会社にとって地域をより積極的に捉え、そのことによって独自性を打ち出し、自らの成長につなげていこうとする活動に関することである。次節では事例を通じて考察を深めていく。

3　事例：北海道テレビ放送

3-1　地域メディアとしてのHTB

北海道テレビ放送（HTB）は、1968年に開局、北海道３番目の民間テレビ放送会社として設立されたテレビ朝日系列のテレビ局である。そもそも、日本の民放事業は、地域事業免許に基づいて放送事業がなされている。そのため、とくに地方にあるローカル局は、自社が存立する地域からは逃れられない。HTBは、単に地域に存在するテレビ局ではなく、戦略的に北海道という地域性を追求することで、地上波だけではなく多様なコンテンツづくりを通じた「地域メディア」としての事業展開を行っている。とくにHTBは、北海道という地域に対して単なる市場として捉えるのではなく、北海道という地域自体が価値を生み出すものであると捉え、地域の多様な文化や人びとの生活などを深掘りすることで地域メディアとして成長してきた。また、そのことをHTBは「ひろばづくり」であるといってきた。

写真13-1　onちゃんテラス（エントランス）

（提供）北海道テレビ放送株式会社

HTBが地方のローカルテレビ局から地域メディアへと変貌を遂げていくのは、1990年代前半のことである。当時、東京支社の営業部副部長であった樋泉実（2011年～2018年に代表取締役社長）は、勉強会や衛星放送が立ち上がった香港視察の経験などから東アジアの急速な成長、アナログ放送からデジタル放送、インターネットの普及など時代の変化の風を掴み、将来のテレビ放送の構造変化を読み取る必要性を強く感じたという。1995年には同支社編成業務部長となっていた樋泉は、テレビ放送局の収益構造はスポット広告依存型のシングルインカムでは成り立たなくなりマルチインカム型の構造にしていかなくては生き残れない、また日本の中の北海道からアジアの中の北海道へと変化していくはずだと当時代表取締役社長であった滝井禧夫に訴えていく。滝井は、この樋泉の助言を後押しし、1997年の年頭あいさつにおいて、「北海道の未来を切り拓くメディアとして生きていきたい」と発言し、以降、同社は「地域の未来戦略に貢献できなければ存在意義がない」を社是として掲げる。

HTBが地域メディアに変貌を遂げる大きなきっかけとなったのは、1997年にスタートした「北海道アワー」という海外向け衛星放送の番組である。この番組は、住友商事やTBSが中核となって設立された「JAPAN ENTERTAINMENT TELEVISION」（略称JET TV）の一番組としてスタートし、東アジアに向けて北海道の魅力を発信する地域情報発信番組である。この番組のコンセプトは「アジアに雪を降らせよう」というもので、全国的にみて海外への地域情報発信番組の草分け的な存在となった。きっかけとなったのは、樋泉が北海道庁に地域経済の活性化になると持ち掛け、道庁と合わせて10の団体と企業で構成される「東アジアメディアプロモーション北海道推進協議会」が設立されたことにある。当時の道庁関係者の北海道の活性化の意向と樋泉の発想が一致し、北海道各地のありのままの姿をアジアに発信するという番組として実現した。この番組は、北海道のインバウンドの観光客の誘致に絶大な効果を及ぼし、1997年当時５万2,800人であった台湾からの来道者数が10年後の2007年には約５倍の27万人7,400人を記録するまでになった。道庁関係者によれば、今の北海道の観光は、この「北海道アワー」プロジェクトが原点となっていると証言する。さらに、HTBにとってこの事業の成功は、北海道発アジアといった東京や大阪の視点を通さない北海道発の地域メディアとしての番組づくりを可能にしたことを意味した。

このころからHTBは、地上波放送事業を核としながらも、徐々に、地域メディアとして多様なコンテンツビジネスやプロジェクトをスタートしていく。なかでも注目されるのは、全国的に知名度が高い「水曜どうでしょう」という番組である。同番組は、1996年にスタートした地元タレントが繰り広げる旅バラエティ番組である。タレントと、同局のディレクターの掛け合いがそのまま番組になるなど今までにないユーモアが人気を博し、全国各地の放送局への番組販売を契機としてファンの輪が拡がっていった。2002年、同番組のレギュラー放送はいったん終了したが、制作を手がけたディレクターは、これまでロケで得た映像を再編集しテレビ以外で表現することに注目する。そこでHTBは、自社でオーサリング・製作したDVDを全国販売し大ヒット、シリーズは累計製造枚数で500万枚を超えている。また、2005年と2013年、そして2019年には番組で企画したイベント「水曜どうでしょう祭」を開催し、３回ともに北海道だけでなく全国から数万人のファンが集まった。同番組はスタート時、あえて北海道色を出すことはしなかったが、全国のファンから支持されるとともに、同局の社屋（旧本社）やロケが行われた平岸高台公園（札幌市豊平区）に記念撮影で訪れるファン、全国各地で開催される北海道物産展にHTBが「HTBグッズショップ」を出店した際に訪れるファンなど、北海道発のサブカルチャーを形成した。

そして、近年の取組みで注目されるのが2014年から2017年まで開催された「HTBイチオシ！まつり」と2018年から開催している「HTBまつり」である。このイベントでは、「ふれあい」をテーマにして、HTBが地域メディアとして取り組んできた数々の番組のブースを作り、社員１人ひとりが来場者のおもてなしに励んだイベントである。また、目玉としては道内各地の市町村関係者に呼びかけ、地域の特産品やグルメをその場で楽しめるフードエリアを開設､来場者に北海道の「食」の魅力と可能性を伝えている。毎年数万人の来場があり大盛況である。また、HTBの社員が改めて地域の人びとと直接触れ合うきっかけとなり、地域メディアとしての取組みを確かめ学習する機会にもなっているという。

3-2 HTBのビジョンと戦略

このような事業やプロジェクトを展開する背景として、HTBは､「地域メディア」として北海道という地域との係わり合い方を常に再考してきた。2003年、当時、取締役デジタル放送政策室長となっていた樋泉を中心に、東京・大阪・名古屋で地上デジタル放送が始まった12月１日に合わせて、経営理念「HTB信条」を制定する。この理念は､「HTBは夢見る力を応援する広場です―私たちは北海道の未来に貢献する『ユメミル、チカラ』です　発見と感動を発信しみんなの心を応援します　私たちは日々『今』を伝え続けます　地域のための情報を発信しみんなで地域をつくります―」というものである。

また地上デジタル放送に完全移行した2011年の年初には､「HTBビジョン 未来の北海道―笑顔がつながり響きあう　地球にやさしく　食と自然が活きる先進の大地　新しい価値を創造し　アジアに際立つHOKKAIDO―」を制定した。このビジョンは、上述の「HTB信条」を受けて20代の社員10人によるプロジェクトチームが「20年後の北海道」を念頭に置き、地域メディアとして、そして北海道の一員として、自ら果たすべき役割と責任を議論して３つの未来軸を描き制定されたものである。樋泉によれば、このビジョンは「HTB信条」と合わせてHTBが地域メディアとしての覚悟と決意を表したDNA創りと位置づけ「ひろばづくり」の充実化が図られている。

そして、開局50周年を迎えた2018年９月、HTBは、本社をそれまでの札幌市豊平区平岸から、札幌の中心部に開発された「さっぽろ創世スクエア」に移転した。同年10月に代表取締役社長に就任した寺内達郎は、これからのHTBを「人々の心を、地域を動かそう 総合映像メディアへ」というメッセージとして発信している。HTBは、これからも北海道とともに歩み成長し、そのことが戦略の柱であることは今後も変わりない。

写真13-2　さっぽろ創世スクエア外観

（提供）北海道テレビ放送株式会社

4　地域企業の成長戦略

4-1　企業ドメインと地域

読者の皆さんは、すでに事業コンセプトという概念について学んできた。そこでは事業戦略論やマーケティングの観点から、ビジネス、事業の定義の重要性について学びを深めた。実は、この事業の定義に関しては、経営戦略論のテーマのなかでは「ドメイン」という概念として発展していき、今では経営学の中ではなじみ深い概念となっている（榊原，1992；伊丹・加護野，2003)。

ドメインとは、さまざまな論者によってさまざまに定義されてきたが、ここでは「組織の活動領域かつ将来の方向性を示したもの」としておこう。会社にとって事業の定義を行うことで活動領域が明確になるだけでなく、その波及効果として将来、どの方向に進むべきか推進力としても働くと考えればよい。よってドメインとは、

現在位置の確認と将来のビジョンの両面を併せ持った概念であり、会社のあらゆる経営活動の基本になるものである。

HTBの事例を振り返ってみよう。HTBではドメインを「地域メディア」と明確に定義することによって、地上波放送のネットワーク・ブランチとしての機能だけでなく、さまざまな活動に幅を拡げていっていた。アジアに向けた衛星放送JET、「水曜どうでしょう」での数々の取り組み、「HTBイチオシ！まつり」などの地域の人々とともに盛り上げてきたイベント開催などである。このことは、もし単なるテレビ局というドメインであれば、着手されにくい取り組みであることは容易に理解できるだろう。

ここで、指摘できるのは、ドメインを明確に定義することが会社の成長の鍵を握っていたことである。そのうえで、地域という観点からさらに重要な点に注目したい。それは、ドメインを定義する際に「地域」の要素を取り入れて成長につなげていたことである。

HTBは、そもそも「地域メディア」というドメインの定義によって成長していった。この地域はもちろん北海道である。その後も、「HTB信条」、「ユメミル、チカラ」、「HTBビジョン 未来の北海道」、「ひろばづくり」など、地域メディアというドメインの意味を深め、さらなる事業の充実につなげていった。ここに、HTBが北海道とともに歩み成長していく姿がみてとれる。

ここからいえることは、会社の経営活動において所在する地域をたんに所与として捉えるのではなく、むしろ自らの経営活動において不可欠の資源として積極的に捉えて活用することによって、自社の発展と地域の発展の両立が見込めるということである。その際、肝心なのが活動の原点ともいえるドメインに地域要素を含めるかどうかである。すなわち会社が地域とともに発展を目指す場合、戦略的に地域をドメインに含み、そのうえで事業展開を図っていくことがなによりも肝心なのである。

4-2 経営資源としての地域

では、ドメインに地域という要素を盛り込んだあと、それを成果に結び付けるにするにはどうすればいいのだろうか。その１つが、地域を会社の成長発展に不可欠な経営資源とみなして実際に活用していくことである。

この点に関して、有名な古典を紹介することから議論を始めよう。E．ペンローズによる*The Theory of the Growth of the Firm*（『会社成長の理論』（第２版）、

『企業成長の理論』（第３版））である。ペンローズは、まず会社とは資源の束であると指摘する。ここでいう資源とは、経営学で馴染みの深いヒト・モノ・カネ・情報という経営資源と捉えて差し支えない。そのうえで、ここで取り上げたいのは２つの見方である。

まずこの項では１つ目を提示しよう。それは未利用資源の発見である。彼女は、資源の束である会社の成長において、成長の機会を確保するために未利用の資源を発見し活用することを指摘している。具体的な例から考えてみよう。北海道旭川市の旭山動物園は、かつて閉園の危機を乗り越えるため、動物の形態展示から行動展示へとドメインを転換する中で、飼育係の方々自らがマイクを握り動物の紹介を行うなどした。新しい人材を新たに採用したのではない。もともとの飼育係の方々の活動が変化したのである。資源の活用の仕方の変化といってもよい。ペンローズは、このような資源が成長にもたらす効果のことをサービス（用役）という言葉で表現している。

ここで会社と地域の問題に話を戻してみよう。先に議論していたように、会社が地域とともに成長するためには、まず地域を積極的に捉えドメインの要素として取り込み、そして自社の資源として活用することによって、そこから新たなサービス（用役）を享受できるようにすることである。ここにペンローズのいう未利用資源の発見の視点がみえてくる。地域を単純な会社の外側として認識するのではなく、自社の資源として捉えるのである。地域資源の経営資源化といってもよいだろう。HTBの事例では、地域メディアというドメインを定義したことによって、北海道という地域を自らの経営資源として捉えることができ、その後も北海道を軸にした活動を深めていくことによって地域とともに歩みを進めてきたと理解することができるだろう。

4-3　企業家と場

ペンローズの議論でもう１つの重要な視点は、企業家の存在である。彼女は、未利用資源の発見から会社の成長の機会を捉えてリードするのが企業家という。一方、会社を管理機構とみなして経営管理するのが経営者であるという。会社のトップマネジャーは、この両方の要素を兼ね備えなければいけないという。

企業家とは、一言でいえばイノベーションを遂行する担い手のことである。ここでのイノベーションとはたんなる技術革新のことではなく、新しい事業システム（ビジネスモデル）を生み出すことである。企業家と事業システムの関係について最初に論じたのは、経営史分野の企業家史研究を創始した一人であるA. コールであろう（コール、1965）。コールは、複数の企業家の連鎖（企業家的流れ）による事業システムの構築が社会の発展につながると指摘している。このことは、本章の会社と地域との関係においても重要な見方である。

■ コラム13-1

会社の地域戦略と企業家活動

本章のなかで２人の古典を取り上げた。ペンローズの『会社成長の理論』とコールの『経営と社会』である。両者に共通するのが企業家の存在の重要性を説いていることである。

近年、会社と地域が議論される文脈で企業家と企業家活動に関することが論じられることが極めて多くなってきている。そこで、本コラムでは、会社と社会の関係の中で企業家活動のことを論じたコールの「企業家的流れ」に関して説明していこう。

図13-1　コールの企業家観と企業家的流れ

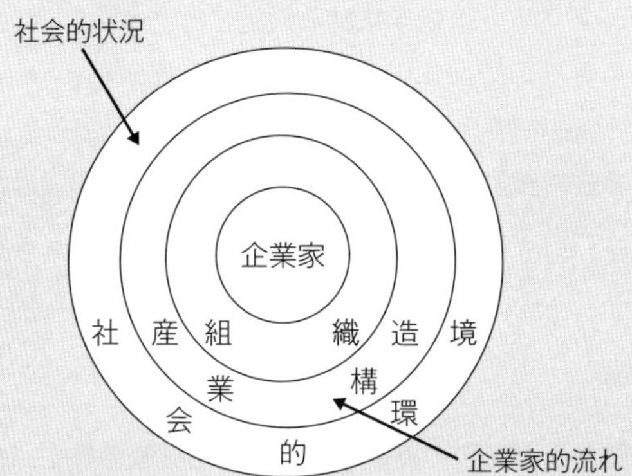

（出所）中川（1981）がコール（1965）を基に図示したもの（４頁の第１図）を一部修正

図13-1に示されたのは、企業家の位置付けである。企業家は、社会的環境に内包された産業構造、さらに内包された組織、その内側に示されている。コールは、企業家は複数の企業家らで構成される企業家チームによってしか企業家活動が行われないと主張する。そのうえで、企業家チームが上手く連鎖したときを企業家的流

れという。企業家的流れは具体的には事業システムとなって機能しているときであり、産業構造内の連携と捉えることができる。このような企業家活動からわかるのは、単独の会社組織ではその活動が捉えきれないこと、社会構造と深く関係していることがあげられる。

ここで考えたいのは、会社と社会の関係を考えるときに、会社の経営活動は、会社という枠組みの内部だけで完結していないということである。つまり、経営活動の実態は、会社という枠組みを超えた多様な主体と連携することで成立しているのである。上述のコールの企業家の連鎖はまさにこのことを意味する。

HTBの事例の中では、JETのときには北海道の自治体やその他の団体と連携したこと、「水曜どうでしょう」の番組販売や北海道物産展への出店、「HTBイチオシ！まつり」での道内各市町村との「食」ブースの出店、近年の札幌中心部への本社移転など、どれをとっても一社の内部で完結するものではなかった。HTBの場合、地域メディアというドメインの定義に基づき北海道という地域を経営資源として再認識できたとが、これらの動きにつながっていった。

ここからさらに考察を深めると、地域資源を自社にうまく取り込むということは、実は地域の多様な主体と連携をして、事業システム（ビジネスシステム）の構築において良い流れを生み出すことと指摘できよう。会社が地域とともに発展するには、もっといえば社会とともに発展するには、会社という枠組みを超えて良い流れを生み出すようなマネジメントの視点を取り入れることが必要不可欠なのである。

では、会社という枠組みを超えたマネジメントに有効な考え方はいかなるものか。すでに皆さんも学んできた中にも、そのような考え方は存在する。たとえばCSR論や国際経営論、またはポーターの５フォース分析やバリューチェーン、この章でも取り上げた事業システムやビジネスモデル、これらの議論は、実はひとつの会社という枠組みには収まらない議論である。そこで、ここでは、これらの議論を統合できる新しい視点を紹介してみよう。それは、多様な主体が交織するような「場」のマネジメントに関する議論である。

「場」とは、人々がコミュニケートする状況のことを表す概念である（伊丹、1992）。さらに説明を加えると、「場」とは人々が協働しながら上手に情報が流れ心理的エネルギーを高めていくようなプロセスのマネジメントのことでもある（伊丹、1999）。よって「場」は、一定のシステムの構築というよりマネジメントのプロセスを重視する点が重要になる。詳しくは**コラム13-2**を参照していただきたい。

■コラム13-2

「場」の理論

ビジネスの方法も極めて多様化しているなか、先のコラムでみたように単独の会社の動きだけでは、その実態を捉えることは不可能である。本章でも触れたように会社という枠組みを超えたところに経営の実態が浮かび上がってくるのだ。そのような実態を捉えるときに「場」の概念はとても有効である。

この概念を経営学の立場から唱えたのは伊丹敬之である。伊丹（1999）は、参加メンバーが次にあげる4つの基本要素：①アジェンダ（情報は何に関するものか）、②解釈コード（情報はどう解釈すべきか）、③情報のキャリアー（情報を伝えている媒体）、④連帯欲求、を共有することによって、密度の高い情報的相互作用が継続的に生まれるような状況枠組みのことを「場」と定義している（40-44頁）。伊丹は、その後の著書では、「場とは、人々がそこに参加し、意識・無意識のうちに相互に観察し、コミュニケーションを行い、相互に理解し、相互に働きかけ合い、相互に心理的刺激をする、その状況の枠組みのことである」（伊丹、2005、42頁）と定義している。いずれも「場」が継続的に成立するプロセスを重視している。

図13-2は、そのプロセスを表した基本図である。場を起点として、基本的な3つのルートが示されている。それは、情報ルート、心理的ルート、そして情報蓄積のルートである。情報ルートは、場に参加するメンバーの情報的相互作用から生まれる共通理解とそのうえでの整合性の取れた決定を表している。心理的ルートは、人々の心理的な相互作用とそこから生まれる心理的エネルギーである。最後の情報ルートは、場の中での学習効果にともなった情報蓄積に関するルートである。それぞれのルートは相互に影響を及ぼし合っている。

場の概念は、いわば法人形態といった会社組織の枠組みに捉われない経営活動の実態を分析・把握するときに役立つ。会社と地域だけでなく、会社と社会の全般を考えるうえでの有効な見方をわれわれに提供してくれている。

図13-2　場の機能の基本図

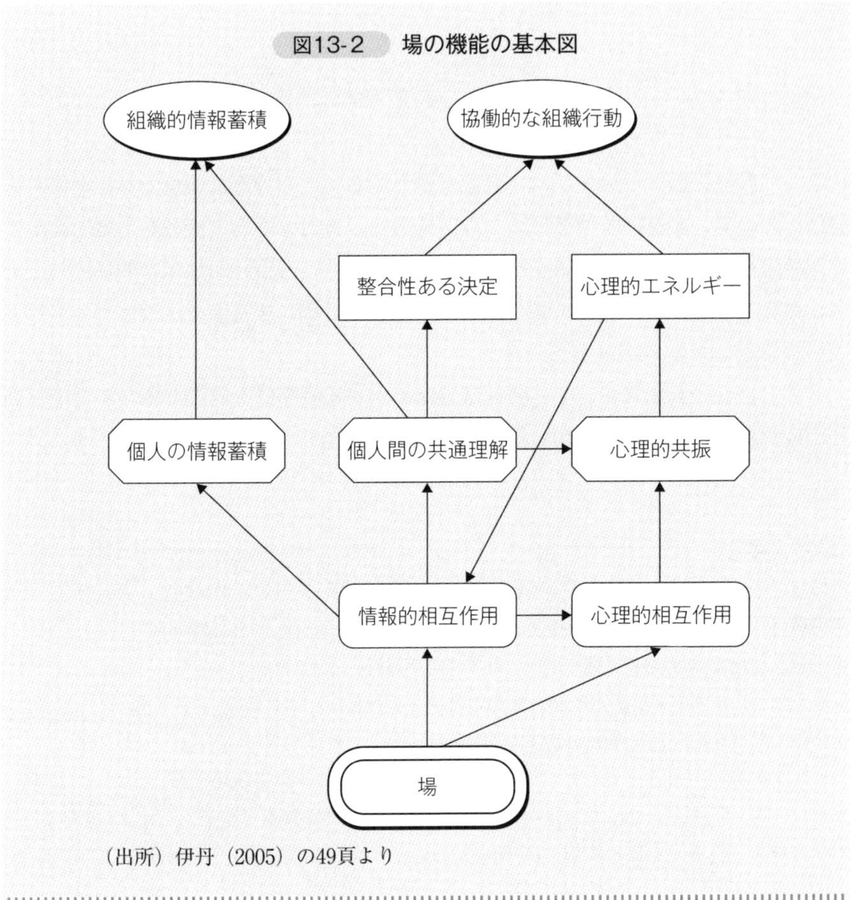

（出所）伊丹（2005）の49頁より

ここで会社が地域との関係の議論に話を戻そう。大切なことは、新しい事業を創造するとき、会社や他の地域の他者との間に密度の濃い「場」を設定することが必要不可欠である点である。HTBの事例からも明らかなように、ここで大切なことは地域の中で志を共有できる主体とのつながりが何よりも肝心であることだ。「場」という概念は、われわれに複眼的な視点を提供してくれる。

5 おわりに

この章の最大のメッセージは、会社にとってもっとも身近な環境である地域との関係において、会社における地域との連携のあり方と、さらに会社も地域も発展するための複合的な視点を提供することであった。他にも会社と地域の関係については、産業クラスターや地域イノベーションなど、近年、経営学の議論として取り上げられることが多い。

会社と社会の関係において、会社は地域に対する戦略的な認識を持つことで、新しい成長と発展の可能性を切り拓くことができるというのが本章の結論である。

《参考文献》

伊丹敬之・加護野忠男『ゼミナール経営学入門（改訂三版）』日本経済新聞社、2003年。
伊丹敬之『場のマネジメント―経営の新パラダイム』NTT出版、1999年。
伊丹敬之『場の論理とマネジメント』東洋経済新報社、2005年。
榊原清則『企業ドメインの戦略論―構想の大きな会社とは』中公新書、1992年。
中川敬一郎『比較経営史序説』東京大学出版会、1981年。
コール、A. H.（中川敬一郎訳）『経営と社会』ダイヤモンド社、1965年。
ペンローズ、E. T.（末松玄六訳）『会社成長の理論（第２版）』ダイヤモンド社、1980年。
ペンローズ、E. T.（日高千景訳）『企業成長の理論（第３版）』ダイヤモンド社、2010年。

北海道テレビ放送（2019）『北海道テレビ開局50周年誌「TEAM HTB WHOLE CATALOG 1968-2018」』北海道テレビ放送。

《次に読んで欲しい本》

唐池恒二『鉄客商売―JR九州大躍進の極意』PHP研究所、2016年。
唐池恒二『本気になって何が悪い―新鉄客商売』PHP研究所、2017年。
藤井純一『監督・選手が変わってもなぜ強い？―北海道日本ハムファイターズのチーム戦略』光文社新書、2012年。

?考えてみよう

【予習用】

1．自分の住んでいる地域やふるさとで有名な会社を思い浮かべよう。その会社がどのように地域に貢献しているのか考えてみよう。

【復習用】

1．改めて、自分の住んでいる地域やふるさとの発展に貢献している会社を具体的に思い浮かべよう。その際、企業家的流れや「場」のマネジメントの実践がみられるかどうかという観点から考察を深めよう。
2．ぜひ、思い浮かべた会社の見学が可能であれば出かけてみてください。地域に根付く会社の取り組みを自分の目で見て、学びを深めてください。

第14章

会社を生みだし成長させる者たち：

経営者・補佐役の果たすべき役割

1 はじめに

本書では、「会社」の現代社会における存在感（それゆえに、そのマネジメントを考えることの重要性）を知ることから始まり、それを立ち上げるに必要な「志」と具体的な「手段」、立ち上がった会社を動かし始めるに必要な「戦略」、動かし始める、そして、それを続けるに必要な「カネ」の工面と記録することの重要性、戦略を実行するに「ヒト」の問題の重要性、さらに大きく動いていくためのさらなる戦略（企業戦略、国際化戦略）などの問題を取り上げてきた。くわえて再度、会社の「社会」における存在そのものに立ち戻り、社会との連携をマネジメントの根幹に据える取り組みを見た。

本書の締めくくりとなるこの章では、これまでの議論を振り返りつつ、こうした

図14-1　経営者と補佐役が果たすべき役割

経営者

- 戦略家／伝道師／まとめ役／トラブルシューター（火消し）

補佐役

- 補完／狭い意味での補佐／諫言（かんげん）／てこ

（出所）伊丹・加護野（2003）の389頁から391頁、543頁から544頁の記述から筆者作成。

マネジメントを担う立場にある経営者の果たすべき役割に注目していく。同時に、成長を見せた多くの会社の経営者がそうであったように、名経営者の陰、真横には必ずといってもよいほど「補佐役」となる人物がいた。こうした補佐役と呼ばれる立場の人物の役割にも注目していく。

2 経営者の果たすべき役割

2-1 「戦略家」としての経営者

経営者が会社という組織で果たすべき役割は何か。まずは会社の特に外部との関係、「社会」との関係を方向付ける「戦略家」としての役割である。

第１章（「会社」と「社会」）で述べたように、会社のマネジメントのあり方を学ぶ「経営学」と呼ばれる分野を作り上げた１人がP．ドラッカーである。彼の*The Practice of Management*においては、「会社」や「企業」と訳せる“business enterprise”の「目的として有効な定義は１つしかない。すなわち顧客の創造である」（ドラッカー、2006年、46頁）と主張されている。出版されたのは1954年、昭和29年のことである。しかしながら「わが師ドラッカー」と題する文章で「ぼくには尊敬している人物が二人います。ひとりは松下幸之助、もうひとりはピーター・ドラッカーです」（柳井正他、2009年、６頁）と述べているのが、現代の「カリスマ経営者」の名をほしいままにする柳井正である。彼が立ち上げた会社の名前は記すまでもなかろう。柳井はドラッカーの「顧客の創造」との主張は「企業経営の本質を突いた言葉」（12頁）と述べ、「企業は自分たちが何を売りたいかよりも、お客さまは何を求めているのかを一番に優先して考え、付加価値のある商品を提供するべきである」（12頁）と言い換えうるとしている。

社会にいる、特に（潜在的な者も含めて）「顧客」にとって価値ある商品とはなにか、またそれをいかにして作り上げて顧客に届けるのか。もちろん、会社内のメンバーからの意見なども取り入れつつ、これに関わる最終的な方向付けをキチンとなすことが経営者には求められる。ただし、顧客との関係だけではない。「カネ」の出し手である銀行などの金融機関や投資家（株主）、「モノ」を提供する部品メーカーなど、くわえて「働き方」のあり方なども含めて会社内部の従業員と会社との関係についても経営者は考えを巡らせ、方向付けの最終的な決定をなしていかねばならない。

akippaの事例を振り返ろう。当初は各種の商品の販売代行や人材派遣に関わる仕事を手がけていたが、社内で世の中の「困りごと」を集め、そのなかから価値あるものとして選ばれたのが駐車場の検索・予約サービスの「akippa」だった。顧客にとってこのサービスが価値あるものであったことは、利用者数の急増を見るに明らかである。

社会的な存在として、いかなる方向に進んでいくのか。「大きな地図」（伊丹・加護野、2003、543頁）を描くのが経営者である。

2-2 「まとめ役」としての経営者

会社は「ヒト」の集まりである。戦略家としての経営者が会社の方向付けをなしても、その方向に会社を現実に動かしていくのは会社内のヒトである。彼・彼女らが動かねば「絵に描いた餅」である。そのために、適材適所でヒトに仕事を割り振る、分業の段取りをする、それぞれのヒトにやる気を出してもらう、そして（それぞれのヒトに頑張ってもらうだけでなく）ヒトとヒトにチームとして、組織として協働してもらう。これらを実現するためにリーダーシップを発揮する、仕組み作りを進める。多種多様な「まとめ役」としての仕事がある。これをなして動いてもらう、これも経営者の果たすべき役割である。

2-3 「トラブルシューター（火消し）」としての経営者

例えばクラブやサークルの長となった者であれば、よく分かるかも知れない。クラブの活動の今後を考える（戦略家として）、その方向に動かしていくためにリーダーシップを発揮する、練習メニューなども含めて各種の仕組み作りを進める（まとめ役として）。しかし現実には、巻き起こる「もめ事」の解決に難儀する。こうした経験はないであろうか。

会社のマネジメントの過程でも、あらゆるもめ事、トラブルが発生する。顧客からのクレーム、「モノ」を持ってきてくれるはずの部品メーカーから部品が届かない、あるいは不良品をつかまされる、「カネ」が足りなくて「火の車」、そんな大変な時に限って会社内の「ヒト」と「ヒト」が対立、そして現場が動かない。こうしたもめ事の解決を最終的に担うのも、経営者である。現場で解決できることは現場で解決してもらう。しかし、そうできない、大きな、複雑な問題が経営者には持ちこまれる。それを適切に解決していかねば、会社のマネジメントは立ちゆかなくなる。

2-4 「伝道師」としての経営者

くわえて、「伝道師」としての役割である。「デジタル大辞泉」によれば「1 伝道に従事する人。キリスト教では正教師の資格を持たない伝道者。補教師」そして「2（転じて）物事のよさを人に伝えて広める人」（https://kotobank.jp/word/%E4%BC%9D%E9%81%93%E5%B8%AB-578610）としての役割である。会社の考えるよいこと、それが社会に果たす役割、我が社がそれを果たす意義、価値、それを実現するによいと考えられる思考・行動パターンなど。これらを社内、くわえて社外に発信をする。社内のメンバーは「カネ」が欲しいだけで働いている存在ではない。多くの者たちは「何のために働くのか」を問い、「働きがい」を求める存在でもある。会社の考えるよいことなどをミッションなどの形で示し、繰り返し語ることが経営者には求められる。語るだけでなく、もちろん、それが製品・サービスの形で実現して社会に喜ばれるまでの責任を経営者は負っている。メンバーが意気に感じる、そして社外からもよいことをしてくれる存在として会社が認められる。よいと考えられる思考・行動パターンが共有されていれば、メンバー各人の働き、協働がスムーズなものとなる（対立などのトラブルの減少も含めて）。

第10章でも触れたakippaのミッションなどが、**図14-2**に示されている。第1章でも触れたように、駐車場の検索・予約サービスの「akippa」を始める以前、akippaでは求人広告サイトの運営の仕事などを手がけていた。人海戦術で、求人を出してくれる店舗などを増やしていく。契約件数の増加にはつながるが、同時にクレーム増加にもつながる。金谷や創業時からの仲間たちはトラブルシューターとしての役割に終始。そして疲れ果てる。創業時の仲間からの「元気さんは、何のために仕事をしているんですか？」の問いかけに金谷元気は言葉を失った。自分の中に、その答えがなかったのである。悩んだ金谷がたどり着いたのが「“なくてはならぬ”をつくる」、電気・ガス・水道といったビジネスのように社会に不可欠なサービスを手がけようとの「Mission」、akippaの言葉で言うところの「普遍的に目指す姿」であった。では“なくてはならぬ”ものを見つけるため、社内で世の中の困りごとを書き出し、それが現在の「akippa」につながっていくのである。

「“なくてはならぬ”をつくる」をミッションとするakippaが、2020年冬からの新型コロナウイルス感染症（COVID-19）の禍に直面して取り組んだものの1つが、空き駐車場を農産物直売所として貸し出すサービスである。「3密（密閉、

図14-2　akippaのMission・Vision・Value

Mission（普遍的に目指す姿）

- “なくてはならぬ” をつくる

Vision（中長期的な経営指針）

- あなたの “あいたい” をつなぐ

Essential Value（本質的にもつべき価値観）

- ホスピタリティ

Value（体現すべき価値観）

- Think and Rush（最短を考え、最速で走ろう）
- Done with Pride（使命感と責任感を持って、最後までやりきろう）
- Win by Team（チームで最高のパフォーマンスをしよう）

（出所）同社のウェブサイトより（https://akippa.co.jp/corporate/value/）

密集、密接)」を避けての生活において買い物がままならない消費者。例えば販売先の飲食店などが時短営業などで経営困難に陥り販売量の減少した農産物の生産者。両者の「“なくてはならぬ”」「“あいたい” をつなぐ」サービスとなったのである。感染症拡大による外出自粛で場所によっては駐車場の稼働率は低迷していた。駐車場の所有者にとっても収入の確保、ありがたいサービスとなったのである。困りごとを抱えていた消費者、生産者、そして駐車場の所有者、農家、いずれにとっても「“なくてはならぬ”」仕組みが生み出されたのである。

■ コラム14-1

学問分野としての経営学

この本の【第１章「会社」と「社会」】では、社会における会社の存在感、存在する価値について学んだ。こうした点については今後、例えば、経営学総論や企業統治論（コーポレートガバナンス論）といった科目で学びを深めることになろう。【第13章 再度、「会社」と「社会」：地域と連携することで地域と会社の双方が発展する経営について】の内容については、中小企業論といった科目でも深く学びうるであろう。地域の中小企業は、それぞれの地域に根づいて活躍していることが多いためである。【第２章「会社」を立ち上げるのに必要な「志」】では、「カネ」を目指しての起業ではなく、「志」を持っての起業の薦めを学んだ。最近では、社会的企業論や社会的責任論などといった科目を設置している大学もあり、そうした科目では特に第２章の内容に関わる学びを深めることができよう。【第３章「会社」を立ち上げるのに必要な「手段」】では、「会社」というものの基本的な性格について学んだ。伝統的な科目名でいえば企業形態論、最近では企業統治論（コーポレートガバナンス論）といった科目で深く学ぶこととなる。加えて、会社法の授業では特に法的な側面をより深く学ぶことができる。

つぎの【第４章「会社」を動かし始めるのに必要な「表側」の事業戦略】と【第５章「会社」を動かし続けるのに必要な「裏側」の事業戦略】は、経営戦略論といった科目の中で深く学ぶこととなろう。くわえてマーケティング（戦略）論でも、深く関係した内容を学べる。【第10章「会社」をさらに動かし続けるのに必要な企業戦略】の内容についても同様に、経営戦略論といった科目で学びをつづけることができる。【第11章「会社」をさらに動かし続けるのに必要な国際化戦略】の内容については、国際経営論といった科目につながっている。

「カネ」の問題を特に取り扱ったのが、【第６章「会社」を動かし始める、続けるのに必要な「カネ」】と【第７章「会社」を動かし始める、続けるのに必要な「カネ」の難しさ】である。その工面と利用した結果の記録について、その基礎を学んだ。工面についてはファイナンス論、経営財務論といった科目、記録については財務会計論などの会計系の科目で深く学ぶこととなろう。

「カネ」のつぎは「ヒト」である。【第８章「会社」を動かし始める、続けるのに必要な「ヒト」の工面】、【第９章「会社」を動かし始める、続けるのに必要な「ヒト」の難しさ】そして【第12章「会社」をさらに動かし続けるのに必要な「ヒト」の「ヒト」の関係】で特にそれを取り扱った。経営組織論や人的資源管理論といった科目で深く学ぶこととなろう。また法的な側面については、労働法に関わる科目にて学びを深めることができる。

またakippaでは「Essential Value」（本質的にもつべき価値観）として「ホスピタリティ」が掲げられている。具体的には「WIN-WINとなることを目的とした『思いやり・心くばり』」のことを指し、誰かの一方的な献身のうえに成り立つものではない。また、「ひとはみな原則として善い状況を目指す」性善説に基づいている。考え方や捉え方は個人によって差があるが、どんな場面でもまずは『相手を信じる』性善説の考え方に立ってみる多角的な想像力を持つことが大事」との価値観である。こうした価値観を基礎にして「Value」（体現すべき価値観）も共有されれば、顧客に提供するサービスの立案（戦略立案）と実行の有効性・効率性は高まることになろう。

3　補佐役の果たすべき役割

3-1　名経営者の陰、真横にいた人々

会社のマネジメントを司る経営者の役割を見てきた。「大変」な仕事である。それゆえにドラッカーも「トップマネジメントの仕事とは、一人の仕事ではなく、チームによる仕事である。トップマネジメントの役割が要求するさまざまな体質を、一人で併せもつことはほとんど不可能である。しかも、一人ではこなしきれない量がある。ごく小さな企業は別として、トップマネジメントの仕事には、少なくとも専任一人と、いくつかの分野でリーダー役をつとめる者一人か二人を必要とする。トップが一人しかいないとうまくいかない」（ドラッカー、2008年、20頁）と述べているように、経営者の役割はうまく分担されねばならない。現実のマネジメントの世界を眺めてみても、名経営者と伝えられる人ほど、その陰、真横にはぴったりと張り付く人たち、補佐役、伝統的な言葉を借りれば「番頭」などと呼ばれる人たちがいた。

20世紀は間違いなく自動車の世紀であった。戦後の焼け野原の中から立ち上がった会社に本田技研工業がある。その創業者たる本田宗一郎を支えたのが藤沢武夫なる人物である。同様にエレクトロニクスの時代でもあった。現在のパナソニックの創業者・松下幸之助を支えたのは高橋荒太郎をはじめとする補佐役たちであった。

時代は移り、20世紀の後半、21世紀はIT（Information Technology）の時代となっている。この時代を代表する会社といえば「GAFA」(Google)、Amazon、

Facebook、Apple）の一角を占めるグーグルであろう。同社の創業は1998年、スタンフォード大学のコンピューター・サイエンスの大学院生であったL．ペイジとS．ブリンが意気投合して、であった。優秀なエンジニアであった彼らなくしては同社の成長は語れない。しかし同時に創業３年目の2001年、IT業界を経営者として渡り歩いてきたマネジメントのプロであるE．シュミットをCEO（Chief Executive Officer：最高経営責任者）に迎え入れたことも大きかった。

3-2 「補完」の役割

では、補佐役が果たすべき役割、果たしてきた役割はなにか。１つ目は、リーダーたる経営者の不足を補う、補完する役割である。そこでのキーワードは異質の組み合わせである。経営者の行動は、彼・彼女自身が持つ性格や哲学に大きく依存する。これを克服する手段の１つは、異なる性格などを持つ人物を補佐役として据えることである。慎重な性格の経営者に対して積極果敢な補佐役を、内と外、陽と陰も同様である。

2006年に山口絵理子によって創業されたのが、マザーハウスである。東京に本社を置く会社であるが、バングラデシュをはじめとする発展途上国においてバッグなどのアパレル製品および各種の雑貨の企画・生産・品質指導、それら商品の販売を手がけている。アジア６カ国での生産、国内外44店舗で店舗展開をしている。「途上国から世界に通用するブランドをつくる」とのビジョンを掲げる同社の創業間もない頃から、山口の補佐役であったのが山崎大祐である。大学卒業後、投資銀行にてエコノミストとして仕事をした後、ゼミの後輩に当たる山口の会社の経営に参画し、副社長として同社の成長を支えてきた。現在は山口とともに代表取締役を務めている。彼は自らの体験から、次世代の起業家たちにつぎのようなメッセージを送っている。

「山口という人に私が出会えたのは運の側面も強いですが、他の方にアドバイスできることがあるとすると『マインド指向性が逆の人と一緒にやったほうが良い』、そして『一人になるな』ということです」「実は山口は基本的にネガティブなタイプです。でもネガティブだからこそ、それを行動力に変えて状況を一点突破していく力がある。一方で私はポジティブで、状況を俯瞰して捉える思考力に長けているタイプです」「このように『ネガティブとポジティブ』『行動力と思考力』と、マインド指向性が正反対の二人が一緒に組むことで、意見がぶつかり合うことも多いですが、苦しい局面に直面したときに互いに補完し合いながら乗り越えていくことができます」と補完の果たす重要な役割が述べられているのである。「加えて、『一人になってはぜったいにダメ』です」「社内で信頼できるパートナーを持つことが理想ですが、家族や恩師、彼氏彼女でもいいので、とにかく自分一人で抱えるのではなく、適度な「逃げ道」を作ることが大切です」「経営者は孤独に抱え込むのではなく、とにかく『一人になるな』。この意識が経営を続けるためにはとても重要だと思います」（「とにかく、一人になるな。起業家が事業を続けていくための心構え―マザーハウス 山崎大祐＃１」「Forbes JAPAN」オンラインより。https://forbesjapan.com/articles/detail/39925/2/1/1）。

ただし同時に「意見がぶつかり合うことも多いですが」ともあるように、山崎の言葉を借りれば「マインド指向性」の異なる者が適切に組み合わさることは難しい。直接的に対立することも往々にしてありうる。また、異なった指示を受けた部下にすれば、どちらの指示に従えばいいのか、悩みはつきない。

こうした問題の解決に求められるのは、補佐する側と補佐される側との間の信頼や尊敬をベースとした強い結びつきであろう。山崎は「マザーハウスでいうと最初のチャレンジをしたのは私ではなく、代表の山口です。周囲の人全員に反対されながらバングラデシュに単身で渡り、ゼロのところからバッグを作って日本に持って帰ってきました。そのバッグを『買ってください』と私のところへ持ってきたのがすべての始まりです」「私は山口からすごく影響を受けたからこそマザーハウスの創業メンバーとしてジョインしたし、彼女との出会いがなかったら今こんなチャレンジをしていなかったと思います」（同上）、そして山口が山崎の代表取締役の就任に当たり「創業当初より二人三脚で進んできた事実がありますが、この度山崎にも代表取締役というポジションが与えられることを自分のことのように嬉しく思い、その思いはスタッフやお客様も同じだと心から思っております」（同社のウェブサイトより。https://prtimes.jp/main/html/rd/p/000000070.000016177.html）と述べているように、両者の間には信頼、尊敬をともなう結びつきがあることがうかがえる。

3-3　（狭い意味での）「補佐」の役割

２つ目の役割は、狭い意味での補佐である。どれほど優れたリーダー、経営者であっても社内外の情報を収集・分析するに限界はある。そもそも、時間が足りない。最後の最後は経営者が決定を下すとして、補佐役となる各人が専門性にもとづいての情報収集・分析、その結果の提供をなすことが有効性・効率性の観点から必要となろう。

本田技研工業の創業者・本田宗一郎は技術に関しては一家言あったが、「カネ」の管理を含めて会社の管理については藤沢武夫に委ねていた。現在のパナソニックの創業者・松下幸之助の周りには経理部門（同社においては「経理」は「経営管理」を略したものとされ、特に重要な部門）を担った高橋荒太郎や技術の専門性を有した人物など、彼らが多忙を極める幸之助を補佐したのである。グーグルにおいても優秀なエンジニアであったペイジとブリンを支えたのは、マネジメントのプロであるシュミットであった。シュミットは１点目の補完の役割の点で見ても入社時に46歳、一方のペイジとブリンは26歳、その周辺も若き人材ばかりのグーグルを、「大人」として支えたのであった。

3-4 「諫言」の役割

３つ目の役割は諫言である。日本生命保険に長く務めた後、2006年にライフネット生命保険を立ち上げたのが出口治明である。古巣の日本生命を含めて生保各社が多種多様な保険商品を取りそろえ、それを対面で販売することが当時は常識であった。それに対して、シンプルな商品設定で安価かつインターネットで販売するライフネット生命のビジネスは非常に注目を集めた。共同創業者となったのが岩瀬大輔であった。出口は業界経験が豊富、一方の岩瀬は未経験であった。創業時、出口は58歳、岩瀬は30歳と親子ほどの年の差があった。この組み合わせで同生命は誕生、成長したのであった。

出口は諫言について「上司の過失を遠慮なく指摘して忠告すること」（出口、2019、5-6頁）と定義している。そして、中国の唐の第二代皇帝・太宗にリーダーの果たすべき役割を見て取っている。太宗が皇帝の座にあったのは貞観（西暦627年～649年）と呼ばれる時期で、中国の歴史上で最も国内が安定した時期の１つであった。出口は太宗に学ぶべき点として、彼が諫言する部下を積極的に登用していた点を重視している。「皇帝であっても、決して全能でないことをわきまえた姿勢」「欠点や過失を指摘されることを望み、喜んで聞き入れた姿勢」を優れたリーダーの姿勢として高く評価している。

こうした姿勢が高く評価される裏側には、そうした姿勢が取れないリーダー、経営者が数多存在してきた、また現在も存在していること事実がある。会社や国家の頂点に立つリーダーには大きな権力が与えられる。この権力をベースにマネジメントを進めていくのであるが、暴走や腐敗を生み出す源泉となってきたのも事実である。就任当初は優れたリーダーであっても、長く席にありつづける過程で変心して権力を乱用するにいたり、会社や国家を存亡の淵にまで追い込んだリーダーは後を絶たない。それゆえに補佐役には、諫言が求められるのである。

もちろん、簡単なことではない。誤りに対する忠告、批判など耳にしたくないのがほとんどの人間の性であろう。この性を理解しつつ、リーダーを諫める。これが求められるのである。

先に紹介した藤沢武夫の最後の大仕事となったのは、創業者たる本田宗一郎への諫言、引退の引導を渡す仕事であった。エンジンの冷却方法について、若い技術者と宗一郎の間で長きにわたり大激論が起こった。若い技術者の意見を取り入れるべきと考えた藤沢は、宗一郎に彼らの意見を取り入れるように直談判、そして二人揃ってマネジメントの第一線から退くことを進言、それを実現させたのである。

3-5 「てこ」の役割

特に大規模、また、グローバルにビジネスを展開している場合には、経営者の掲げるミッション、哲学、戦略などを会社内に浸透させることは困難である。経営者の分身となってミッションなどを伝道、より浸透させる。結果、経営者のパワーの拡大、経営者の考える方向付けの明確化が図られる。

■コラム14-2

オススメの経営者本

会社のマネジメントを疑似体験する、あるいは、経営者がその体験をつづった本を手に取ることを薦める。

この章の最後で、移動スーパー「株式会社とくし丸」について述べる。同社の創業は2012年、創業者は住友達也である。住友は現在、取締役ファウンダー・新規事業担当の席にあり、新たなビジネスの開拓に取り組んでいる。全国各地のスーパーマーケットと提携して、主に契約した個人事業者（販売パートナー）がトラックに乗り移動販売を手がける仕組みとなっている。住友の筆による『ザッソー・ベンチャー　移動スーパーとくし丸のキセキ』（2018年、西日本出版社）には創業の経緯がつぎのように語られている。「そもそものきっかけは、徳島の田舎・土成町に住む僕の両親だった。２人とも80歳を迎え、それでもまだお袋は車の運転をしている。

そろそろ運転をしている。そろそろ運転を止めさせないと、と思った瞬間、２人は買い物難民になってしまうのだ」「お袋に、よくよく話を聞いてみると、周辺にも買い物に困ってるお年寄りがたくさんいることが判明。土成町はまだコミュニティがしっかり形成されているから、皆さん何とかやっていけているようだが、それでも結構深刻な状況になってきている（19-21頁）」と身の周りにある困りごとの深刻さに始まりがあったのである。現在、とくし丸の顧客の大半は買い物難民と呼ばれる人々で、その約９割が80歳を超える状況にある。困りごとの気づき、会社設立、市場調査、「カネ」の工面、立ち上げ、地域拡大などの歩みが日記形式で語られている。創業から成長にいたる過程をリアルに疑似体験できる。

またマザーハウスを立ち上げた山口絵理子の一連の著書、『裸でも生きる―25歳女性起業家の号泣戦記』、『裸でも生きる２―Keep Walking私は歩き続ける』（2015年、講談社＋α文庫）、『自分思考』（2016年、講談社＋α文庫）、『輝ける場所を探して―裸でも生きる３ ダッカからジョグジャ、そしてコロンボへ』（2016年、講談社）、『Third Way（サードウェイ）―第３の道のつくり方』（2019年、ディスカヴァー・トゥエンティワン）もお薦めする。貧困の問題に関心を持つようになったきっかけ、その解決の一助となるビジネスの立ち上げ、生産拠点の拡大、こうした過程での数え切れない苦悩が赤裸々に語られている。こちらもリアルに疑似体験が可能となっている。

4 全体のおわりに

新しいビジネスを生みだす。それを成長させる。それを実現出来る会社のマネジメントのあり方を考えていきたい。そのためにakippaをはじめとする各社の事例に触れつつ、経営学の基礎を学んできました。

この本を閉じるに際して「会社のマネジメントに取り組んでみたい！」「起業してみたい！」などの思いに至られた読者の方々に対しては是非、世の中の「困りごと」に注目してみることをオススメします。

現在の「akippa」のサービスは社内の壁に貼った模造紙に書かれた困りごとから始まりました。考えてみると、こうした駐車場の検索・予約サービスが世の中の人々から求められるのは、移動の手段として自動車がごくありふれたものとなっているからです。徒歩、自転車、鉄道、船、飛行機など、移動の手段は数あれども、自動車はその主たるものでしょう。自動車を移動の手段の主たるものとしたのは、米国のフォード社を創業したH. フォードでした。1863年、貧しい農家の息子として生まれ育ったフォードには、自動車は「高嶺の花」の移動手段でした。富豪にとって、狩りや旅行に行くための移動手段でしかありませんでした。庶民の主たる移動手段は、馬の力に頼る馬車でした。それを「人々に便利な移動手段を提供したい」「それも庶民に」との思いを持って開発したのが、20世紀の初頭、1908年に発売された「T型フォード」でした。後の大量生産方式の基礎となる方式を導入するなどして、850ドルとの価格でした。当時の米国人の平均年収は600ドルでしたが、2,000ドル以上の価格の自動車が大半を占めていました。T型の登場は、自動車を一気に庶民の足に近づけました。この後、米国ではゼネラルモーターズ、クライスラーがしのぎを削り、欧州そして日本の自動車メーカーもしのぎを削るようになります。その結果、多種多様な自動車が市場に投入されつづけ、我々の移動、そして生活を便利なものに変えていったのです。

コロナ禍のなかでakippaは、駐車場を農産物の販売スペースに転用することで、

写真14-1　野菜の販売

（提供）akippa株式会社

買い物に困っていた人々の助けとなりました（同時に、農産物の生産者や駐車場の所有者にとっても）。

この買い物に困る人々の存在はコロナ禍以前からも、「買い物難民」「買い物弱者」として、その存在は知られていました。山間部だけではなく、大都市でも高齢者を中心にそれが拡大を見せています。山間部に住む母親が買い物に困っていることから2012年から、軽トラックを活用した移動スーパーを手がけているのが移動スーパー「株式会社とくし丸」です。創業者は流通業の素人でした。それがいまや、野菜などのインターネット販売を手がける大手企業の子会社となり、沖縄を含めた全国で移動スーパーのビジネスを手がけるにいたっています。

世の中を少しでもよくしていく。そのきっかけとして困りごとに注目してみる。世の中をよくするビジネスであればあるほど、それは継続されなければならない。そのためには手段として、キチンと「カネ」を儲ける。これが会社のマネジメントの要諦である、とお伝えして、本書を終わりたいと思います。

《参考文献》

伊丹敬之・加護野忠男『ゼミナール経営学入門（改訂三版）』日本経済新聞社、2003年。

出口治明『座右の書『貞観政要』－中国古典に学ぶ「世界最高のリーダー論」』2019年、角川新書。

柳井正他『NHK知る楽　仕事学のすすめ　2009年６・７月』日本放送協会。

ドラッカー、P. F.（上田惇生訳）『ドラッカー名著集２　現代の経営（上）』ダイヤモンド社、2006年。

ドラッカー、P. F.（上田惇生訳）『ドラッカー名著集15　マネジメント（下）：課題、責任、実践』ダイヤモンド社、2008年、

《次に読んで欲しい本》

加護野忠男・吉村典久編著『１からの経営学（第３版）』碩学舎、2021年。

高杉良『雨にも負けず－ITベンチャー奮闘記』角川文庫、2020年。

黒木亮『ザ・原発所長（上）（下）』幻冬舎文庫、朝日文庫、2020年。

？考えてみよう

【予習用】

１．この本の中で特に取り上げたakippaについて最近、いかなる新たな取り組みをされてい

るのか、調べてみて下さい。

【復習用】

1．自分自身の生活、周りの人々、地域社会、それを超えての日本や世界全体。そこに巣くう「困りごと」にはどんなものがあるでしょうか。困りごとを挙げるとともに、そのなかでビジネスとして手がけてみたいものがあれば、その仕組みを簡単にでも考えてみて下さい。
2．大学生など学びの場にいる方々は今後、どのような科目を履修して、どのような知識を獲得していくのか。学びの「大きな地図」を描いてみて下さい。

索　引

■人名・企業名等■

■事　項■

〔そ〕

〔た〕

〔ち〕

〔て〕

〔と〕

〔な〕

〔ね〕

〔は〕

〔ひ〕

〔ふ〕

【編著者紹介】

加護野忠男（かごの　ただお）

1947年生まれ。神戸大学経営学部、同大学院経営学研究科、甲南大学特別客員教授、神戸大学社会システムイノベーションセンター特命教授を経て、現在、神戸大学名誉教授。1979年から80年、Harvard Business School留学。経営学博士。

専門は、経営戦略、経営組織など。

主な著書に『経営組織の環境適応』（白桃書房、1980年)、『組織認識論』（千倉書房、1988年)、『経営の精神』（生産性出版、2010年)、『松下幸之助に学ぶ経営学』（日本経済新聞出版社、2011年)、『経営はだれのものか』（日本経済新聞出版社、2014年)、『松下幸之助』（編著、PHP研究所、2016年)、『日本のビジネスシステム』（共編著、有斐閣、2016年)、『日本のファミリービジネス—その永続性を探る』（編著、中央経済社、2016年)、『１からの経営学』（第３版、共編著、碩学舎、2021年）などがある。

吉村　典久（よしむら　のりひさ）

1968年生まれ。学習院大学経済学部、神戸大学大学院経営学研究科、和歌山大学経済学部教授、大阪市立大学（現大阪公立大学）大学院経営学研究科教授を経て、現在、関西学院大学専門職大学院経営戦略研究科教授、和歌山大学名誉教授。2003年から04年、Cass Business School, City University London客員研究員。博士（経営学)。

専門は経営戦略、企業統治など。

主な著書に『日本の企業統治』（NTT出版、2007年)、『部長の経営学』（筑摩書房、2008年)、『コーポレート・ガバナンスの経営学』（共著、有斐閣、2010年)、『会社を支配するのは誰か』（講談社、2012年)、『企業統治』（共著、中央経済社、2017)、『ドイツ企業の統治と経営』（編著、中央経済社、2021年)、『１からの経営学』（第３版、共編著、碩学舎、2021年)、『スピンオフの経営学』（ミネルヴァ書房、2023年)、『多様な組織から見る経営管理論』（編著、千倉書房、2023年）などがある。

【執筆者紹介】（担当章順）

加護野忠男（かごの　ただお）……………………………………はじめに、第14章

編著者紹介参照

吉村　典久（よしむら　のりひさ）……………はじめに、第１章、第３章、第６章、第７章、第14章（第４章・第８章・第10章の事例部分）

編著者紹介参照

稲葉　祐之（いなば　ゆうし）……………………………………………第２章

国際基督教大学教養学部 教授

三上　磨知（みかみ　まち）………………………………………………第３章

大阪学院大学経営学部 教授

小林　崇秀（こばやし　たかひで）………………………………………第４章

国士舘大学経営学部 教授

河合　篤男（かわい　あつお）……………………………………………第５章

名古屋市立大学大学院経済学研究科 教授

團　　泰雄（だん　やすお）………………………………………………第８章

近畿大学経営学部 教授

松本　雄一（まつもと　ゆういち）…………………………第９章、第12章

関西学院大学商学部 教授

真鍋　誠司（まなべ　せいじ）……………………………………………第10章

横浜国立大学大学院国際社会科学研究院 教授

石井　真一（いしい　しんいち）…………………………………………第11章

大阪公立大学大学院経営学研究科 教授

趙　　怡純（ちょう　いじゅん）…………………………………………第11章

尾道市立大学経済情報学部 専任講師

加藤　敬太（かとう　けいた）……………………………………………第13章

埼玉大学大学院人文社会科学研究科 教授

新しいビジネスをつくる
――会社を生みだし成長させる経営学

2021年9月23日　第1版第1刷発行
2023年10月10日　第1版第2刷発行

編著者　加護野忠男・吉村典久
発行者　石井淳蔵
発行所　㈱碩学舎
〒101-0052 東京都千代田区神田小川町2-1 木村ビル 10F
TEL 0120-778-079　FAX 03-5577-4624
E-mail info@sekigakusha.com
URL https://www.sekigakusha.com
発売元　㈱中央経済グループパブリッシング
〒101-0051 東京都千代田区神田神保町1-35
TEL 03-3293-3381　FAX 03-3291-4437
印　刷　東光整版印刷㈱
製　本　㈲井上製本所

ISBN978-4-502-39471-3　C3034